これからの病院経営を担う人材

医療経営士テキスト

第4版

日本の医療関連法規

その歴史と基礎知識

初 級

平井謙二

3

日本医療企画

はじめに

　本書は、医療経営士初級テキストの第3巻として、病院や診療所などの医療機関や医療関連産業において医療経営に携わる方が、最低限知っておいてほしい医療関連法規の基礎知識を取り扱う（医療関連法規は時代の変化に応じて度々改正・改定される。本書に記述した内容は2018［平成30］年6月1日時点のものであることに留意されたい）。

　医療関連法規とは、医療に関する「法律を中心とする社会のきまり」であるが、そのすべてについて、1つひとつの条文に至るまで正確に暗記する必要はまったくない。本書で触れた程度の概略的なことを理解するとともに、基本となるいくつかの法令について、そこに何が規定されているかを把握しておけば十分だろう。必要なときに、『六法』などの文献を調べたり、厚生労働省ホームページ等の法令検索を利用したり、あるいは行政機関に問い合わせたりすればよい。

　本書は、医療機関の成り立ちに関して規定する「医療法」と、医療機関が受け取る報酬に関する「健康保険法」の解説に多くのページを割いた。一方、診療報酬や介護報酬の点数表（単位数表）は、医療機関等の日々の収益に関する法規として極めて重要なものではあるが、2年または3年ごとに頻繁に改定されることから、その具体的な内容についてはほとんど触れなかった。本書とは別に学んでほしい。

　また、通常は「医療関連法規」とは認識されていない民法・刑法・労働基準法・建築基準法・消防法などの一般法規について、必要最低限の記述を行った。医療機関もほかの企業や団体と同じように、日常反復的に一定の社会・経済活動を営むものであることから、基本的な社会ルールを知っておく必要があると考えたからである。実際に、医療機関の事務部門などにおいては、医療法や健康保険法にも増して、労働基準法や民法の知識が必要となる場面に遭遇することが多い。消防法に基づく行政の監督も日常的に行われる。

　なお、本書は、あくまでも初級・入門者向けのテキストであることから、その記述は概略的であって、あえて正確さを欠く部分も少なくない。したがって、日常の医療機関運営で法規的な疑義や問題が生じた場合には、より詳しい文献を参照したり、所管する行政機関や専門家に照会したりすることをお勧めしたい。

平井　謙二

目 次
contents

はじめに ……………………………………………………………………… iii

第1章 医療関連法規の全体像 …………… 1

1 医療関連法規とは ………………………………………… 2
2 主な医療関連法規（その１）——狭義の医療関連法規 ……… 5
3 主な医療関連法規（その２）——広義の医療関連法規 ……… 8

第2章 医療法 ……………………………………… 13

1 医療法とは何か………………………………………………… 14
2 総　則——医療提供の理念と病院・診療所等の定義 ……… 20
3 医療情報の提供と医療の安全の確保 ……………………… 26
4 病院・診療所等の開設・管理 ……………………………… 32
5 医療提供体制の確保………………………………………… 38
6 医療法人 ……………………………………………………… 42

第3章 医療従事者に関する法規 …………… 57

1 医療従事者に関する法規の概要………………………… 58
2 医師法 ………………………………………………………… 62
3 薬剤師法 ……………………………………………………… 65
4 保健師助産師看護師法 ……………………………………… 67
5 その他の医療従事者に関する法規 ………………………… 71

第4章 医療保険制度に関する法規 ……………79

1 医療保険制度の概要 ……………………………………80

2 健康保険法 ……………………………………………88

3 国民健康保険法 ………………………………………98

4 その他の医療保険制度に関する法律 ……………102

5 医療保険の「療養の給付」に関する法令 ………105

6 医療保険制度以外の医療費等の支払いに関する法規 ………109

7 介護保険法 ……………………………………………112

第5章 広義の医療関連法規 ……………127

1 病院・診療所等と患者との関係に関する法規 ………128

2 病院・診療所等と職員との関係に関する法規 ………134

3 病院・診療所等と社会との関係に関する法規 ………141

【コラム】①法律・省令または告示・通知の関係 ………………4

②病院・診療所の「広告」とは？ ……………………28

③人員基準の計算 …………………………………37

④法律不遡及の原則 ………………………………41

⑤社団と財団 ………………………………………45

⑥医療従事者の資格名称における「師」と「士」………60

⑦電話や通信機器を用いた診療 …………………64

⑧病院・診療所等の開設と2つの手続き・行政監督……97

⑨マイナンバーという個人情報 …………………133

索 引 ……………………………………………………146

v

第1章
医療関連法規の全体像

1 医療関連法規とは
2 主な医療関連法規（その1）──狭義の医療関連法規
3 主な医療関連法規（その2）──広義の医療関連法規

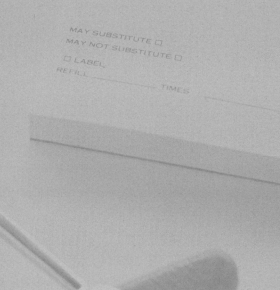

第1章 医療関連法規の全体像

医療関連法規とは

1 「医療関連法規」の意味

　『医療経営士初級テキストシリーズ』の第3巻である本テキストは、「日本の医療関連法規」の基礎知識を扱う。ところで、医療関連法規とはいったい何だろう。

(1)「医療」とは

　「医療」とは、一般に「病気やけがを治すこと」、あるいは「健康の維持・回復・促進などを目的とした活動」と理解されている。したがって、広い意味では、軽微な切り傷に自分で絆創膏を貼ることも「医療」に含まれるだろう。しかし、本テキストでは「医療」の意味をやや狭く解釈し、「業として(日常的に反復継続して)」医療を行う病院や診療所などの医療提供施設におけるものに限定する。

(2)医療関連の「法規」

　法規とは「法律を中心とする社会のきまり」をいう。国や都道府県・市区町村などの地方公共団体が定めるきまりが法規である。法規には「憲法」「法律」「政令」「省令」「告示」「条例」「規則」などがあり、一般には「通知」も法規の一部と理解されている。

①憲　法
　日本国の最高法規で、国の組織や活動、国民の権利・義務に関する根本的な事項を定めている。あらゆる法規や行政の活動は憲法の規定に反してはならない。憲法の改正は国会の衆議院および参議院の両院の3分の2以上の賛成で発議され、さらに国民投票で過半数の賛成により承認される。

②法　律
　国会の両院の過半数の賛成で制定または改正されるきまりが法律である。国民の権利・義務に重大な影響を与える事項や行政の活動・権限などは法律によって規定されることになっている。

③政　令
④省　令
⑤告　示

法律の細部について内閣が定めるものが政令、各省大臣が定めるものが省令である。また、省令と同じ効力を有するものとして各省大臣が発する告示がある。省令と告示の違いは、表現形式の相違だと理解しておけばよい。政令や省令が「第○条　○○○」と法律と同じ形式で定められるのに対し、告示は個条書きや一覧表などで記述される。政令も省令・告示も、もとになる法律に「内閣（○○大臣）の定めるところによる」といった文言がある。

なお、政令と省令を合わせて「命令」といい、法律と命令を合わせて「法令」という。

⑥条　例
⑦規　則

都道府県や市区町村などの地方議会が制定するものが条例、知事や市区町村長など地方公共団体の長が定めるものが規則である。条例は「法律」の、規則は「命令」の、それぞれ地方版と考えればよい。

⑧通　知

各省が都道府県知事などに宛てて法令の解釈などを通達する文書をいう。通知は国民に直接向けられたものではなく厳密には法令そのものではないが、法令の運用に大きな影響力を持っているので法規の一部と理解してよい。

2　医療関連法規の及ぶ範囲

以上のように、医療関連法規とは「病院や診療所などの運営」に関連する「社会のきまり＝憲法・法律・政令・省令・告示・条例・規則など」である。ここに「通知」を加えてもよいだろう。医療関連法規にはさまざまなものがある。病院Ａを患者Ｂが受診した場合について考えてみよう。

まず、病院Ａは「医療法」によって開設が認められている。そこで働く医師は「医師法」、看護師は「保健師助産師看護師法」に定められた資格を持ち、これらの法律に基づいて業務を行う人々である。

病院Ａを患者Ｂが受診する行為はＡとＢの契約に基づくものと考えられる。契約の原則は「民法」に定められており、これによりＢに医療費の支払い義務などが生じる。

受診後、病院Ａは患者Ｂに医療費の一部負担金を請求し、残りを保険請求するが、その計算ルールは「健康保険法」や「診療報酬の算定方法（厚生労働省告示）——通称・診療報酬点数表」に定められている。Ｂが生活保護受給者なら一部負担金は免除されるが、それは「生活保護法」の規定によるものである。

仮に、病院Ａが患者Ｂに誤った薬を処方し、これが原因でＢが死亡したとする。Ａや当該担当医師などは「刑法」に定める業務上過失致死罪という犯罪に問われることもある。また、Ｂの親族は「民法」に基づいてＡなどに損害賠償の請求を行うことができる。

このほか、病院Ａとそこで働く人々との間には雇用契約があり、「労働基準法」などの法

第1章　医療関連法規の全体像

律がその関係を規定している。このように、医療関連法規はかなり広範囲に及んでいる。

---

column① 法律・省令または告示・通知の関係

　先述したように、法規にはさまざまな次元のものがあり、国の法規だけを序列づけると、①憲法→②法律→③政令→④省令・⑤告示→⑧通知、という上下関係にある。ここで、最高法規である憲法は除外するとして、具体的な「きまり」がどのように規定されるのか、架空の例で示してみよう。

a) 法律：〇〇〇に関する法律

　　第△△条　「A」は別に厚生労働大臣が定める基準による。
　　↓

b) 省令：〇〇〇に関する法律に基づいて定める「A」の基準

　　第□□条　〇〇〇に関する法律第△△条の規定に基づき、「A」の基準を次の各号の
　　　　　　とおり定める。
　　　　　　１．B等
　　　　　　２．C等

　　↓

c) 通知：〇〇〇に関する法律第△△条の規定に基づいて定める「A」の基準にかかる厚生労働省令の施行について

　　　　　　〇〇〇に関する法律に基づいて定める「A」の基準にかかる厚生労働省令
　　　　　　第□□条第1号に定める「B等」とはb-1、b-2、b-3、同条第2号に定め
　　　　　　る「C等」とはc-1、c-2、c-3をいう。

　つまり、a)法律で「A」の基準については「厚生労働大臣が決めてください」と、あたかも「下請け」に出すように厚生労働省令または厚生労働省告示に任せている。これを受けて、厚生労働省令または厚生労働省告示は「A」の基準を「１．B等」および「２．C等」と定めたが、「B等」や「C等」という表現では、まだ曖昧さが残るので、具体的に「B等」とは「b-1、b-2、b-3」、「C等」とは「c-1、c-2、c-3」である、と通知が解説するのである。
　このように、医療関連法規の正確な理解を求められるような場面では、法律→省令（告示）→通知という順に、より細かい法規へと探っていくか、あるいは逆に、通知→省令（告示）→法律と、より原則的な法規に遡っていく必要がある。自力で法規の原典に辿り着くことが困難な場合は、所轄する行政機関や専門家に照会すればよい。

医療関連法規とは ❶／主な医療関連法規（その１）──狭義の医療関連法規 ❷

② 主な医療関連法規（その１）
──狭義の医療関連法規

1 病院・診療所等の成り立ちに関する法規

　医療は「病気やけがを治すこと」、あるいは「健康の維持・回復・促進などを目的とした活動」であり、国民の身体生命に重大な影響を及ぼすものである。そこで、社会における医療提供のあり方について、国は法律で特別なきまりを定めている。

　前節で、病院や診療所などは「『医療法』によって開設が認められている。そこで働く医師は『医師法』、看護師は『保健師助産師看護師法』に定められた資格を持ち、これらの法律に基づいて業務を行う人々である」と述べた。つまり、医療法や医師法などの法律は医療提供施設の存立そのものを規定している。こうした法律のうち、主要なものは下記のとおりである。

▌（1）医療法

　国民が適正な医療を安心して受けられることを目的として、病院や診療所など医療提供施設の定義、開設手続き、管理体制、人員配置や施設設備の最低基準（診療報酬の算定に際しては別の上乗せ基準がある）、都道府県知事による監督のほか、医療提供施設の適切な配置や医療法人制度などについて定めている。すべての病院や診療所など医療提供施設はこの法律を根拠として存立している。

　なお、介護老人保健施設や訪問看護ステーションも医療提供施設であるが、介護保険法を根拠として開設される施設である。

▌（2）医療従事者に関する法律

①医師法
②歯科医師法
③薬剤師法
④保健師助産師看護師法

　医師や歯科医師、薬剤師、保健師、助産師、看護師といった病院や診療所などで働く人々の資格やその業務について定めており、これらを総称して「医療従事者に関する法律」という。医療従事者に関する法律には、ほかにも診療放射線技師法、臨床検査技師等に関する

医療経営士●初級テキスト３　5

第1章　医療関連法規の全体像

法律、理学療法士及び作業療法士法、歯科衛生士法、歯科技工士法、栄養士法、社会福祉士及び介護福祉士法、精神保健福祉士法、言語聴覚士法、救急救命士法などがあり、医療従事者の国家資格すべてに各法律が対応している。

2　病院・診療所等が受け取る報酬に関する法規

　わが国では、国や地方公共団体などの行政が中心となって、国民がその収入に応じてあらかじめ保険料を納付し、これに税などの公的資金を加えて医療費の支払いに充てる「公的医療保険制度」を古くから導入している。すべての国民が何らかの医療保険制度に加入しなければならない「国民皆保険」となっており、ほとんどの病院や診療所では公的医療保険の給付を受けられる医療（保険医療）を提供している。国は法律で医療保険制度の運営に必要なきまりを定め、病院や診療所などへの医療費の支払いについても各種の法規によって厳格なルールが設けられている。

　なお、生活保護者やその他特別な事情のある国民について、医療保険制度とは別の国・地方公共団体の財源から医療費の支払いを行う制度があり、これを「公費負担医療制度」という。また、業務上の疾病・負傷や自動車事故による負傷についても、その医療費の支払いは医療保険制度とは別の保険制度によってまかなわれる。

　さらに、わが国の急速な高齢化を背景に、心身の障害によって自立した日常生活を営むことが困難な高齢者等を「医療」の枠を超えて支援する必要から、2000（平成12）年4月に介護保険制度が施行された。介護保険制度も公的保険であることから、医療保険制度と同様のきまりを法律で定めている。介護保険制度の対象となるサービスを提供する医療提供施設も多い。

　こうした医療保険制度や介護保険制度に関する主な法規には次のようなものがある。

①健康保険法
②高齢者の医療の確保に関する法律

　これらは医療保険制度の根本的なしくみやあり方を定めており、ほかにも医療保険の種類に応じて、国民健康保険法、船員保険法、国家公務員共済組合法などがある。

③保険医療機関及び保険医療養担当規則（厚生労働省令）── 通称・療養担当規則

　医療提供施設が保険医療を行う際の基本的なルールを示した厚生労働省令である。

④診療報酬の算定方法（厚生労働省告示）── 通称・診療報酬点数表

　公的医療保険から医療提供施設への支払額を具体的に定めた医療の価格表である。

⑤生活保護法

　国や地方公共団体が、経済的に困窮する国民に対して、「健康で文化的な最低限度の生活」（日本国憲法第25条第1項）を保障するために、生活保護費を支給することを定めている。日常生活、子の教育、住居等の費用のほか、医療や介護が必要な場合には、その費用は医

主な医療関連法規（その1）──狭義の医療関連法規 ❷

療保険制度・介護保険制度に代わって、生活保護制度から支払われる。なお、医療関係者の間では、生活保護を通称して「生保」と呼ぶことが多い。

このほかの公費負担医療制度の主なものに、20世紀半ばに日本政府の責任において行われた戦争により疾病・負傷した国民を救済するための「戦傷病者特別援護法」や「原爆被爆者援護法」、1960年代以降の高度経済成長期に国の政策として推進された急激な工業化等によって健康被害を受けた国民を救済するための「公害健康被害補償法」などがある。

また、難病やその他の特定の疾患について、全国一律ではなく、都道府県などの地方公共団体が独自に公費負担するものもあるので、各都道府県に照会するとよい。

⑥労働者災害補償保険法

通称「労災保険」と呼ばれており、医療保険制度が対象としない業務上および通勤途上の災害等によって生じた疾病・負傷・死亡等について、医療費の支払い、休業補償、死亡補償などについて定めている。

⑦自動車損害賠償保障法

通称「自賠責」と呼ばれており、すべての自動車所有者はこの法律が定める自動車損害賠償責任保険（自賠責保険）に加入しなければならない（強制加入）。そして、自動車運転事故の被害者に生じた負傷・後遺症・死亡等についての医療費の支払い、後遺症・死亡、その他の損害賠償の支払いは自動車損害賠償責任保険によってまかなわれる。

⑧介護保険法

介護保険制度の根本的なしくみやあり方を定めた法律である。

⑨介護報酬の算定方法（厚生労働省告示）── 通称・介護給付費単位数表

公的介護保険から介護サービス事業者への支払額を具体的に定めた介護の価格表である。

第1章　医療関連法規の全体像

3 主な医療関連法規（その2）
──広義の医療関連法規

1　広義の医療関連法規とは

　先述したように医療関連法規とは、病院や診療所などの運営に関する社会のきまりである。前項で紹介した医療法や医師法などの「病院・診療所等の成り立ちに関する法規」と、健康保険法や介護保険法などの「病院・診療所等が受け取る報酬に関する法規」は、医療提供施設のみに適用される特別な法規である。

　これに対して、医療提供施設のみならず国民一般に適用される法規であって、病院や診療所の運営にも深く関係しているものがある。これらを「広義の医療関連法規」と呼ぶことにしよう。

▌(1)病院・診療所等と患者との関係に関する法規

　たとえば、病院Ａを患者Ｂが受診する行為は「ＡとＢの契約に基づくものと考えられる」と述べた。この関係は飲食店Ｃで客Ｄが食事を注文する行為と同様のものである。また、ＢがＡの医療過誤などで損害を受けた場合、Ｂまたはその親族はＡなどに対して損害賠償の請求を行うことができる。これは、交通事故の加害者Ｅと被害者Ｆとの関係に相当する。

▌(2)病院・診療所等と職員との関係に関する法規

　病院Ａに勤務する医師Ｇや看護師Ｈは、ほかの一般企業Ｉと従業員Ｊとの関係とまったく同様の雇用関係にある。職員の採用に際して守らなければならない事項、労働時間や休日・休暇、賃金に関するきまりなどは、病院・診療所もほかの企業もまったく同じである。

▌(3)病院・診療所等と社会との関係に関する法規

　国民や企業・団体が反社会的な行為をすれば、犯罪として刑罰が科されることがある。犯罪にはさまざまなものがあるが、病院や診療所の職員が行う犯罪も珍しくはない。手術ミスが「業務上過失致死罪」に問われた医師、患者への虐待が「傷害罪」とされた看護師、そして診療報酬の不正請求が「詐欺罪」となった病院経営者などが、その代表例だろう。

　さらに、病院や診療所の建物には、ほかの一般の建物と同様、建築や消防に関するきまりが定められている。病院が出すゴミには、一般ゴミのほか産業廃棄物、医療廃棄物（感染

症廃棄物)などがあるが、これらについても守らなければならないきまりが定められている。

2　主要な広義の医療関連法規

（1）病院・診療所等と患者との関係に関する法規

　患者との関係では、医療費の支払いに関する事項、患者からの要求の正当性に関する事項、医療過誤の際の責任に関する事項などが重要である。わが国では「民法」という法律が、こうした事項の基本を定めている。また、患者との争いが当事者同士で解決せず訴訟（裁判）に発展した場合、それは「民事訴訟法」に定める手続きに従って行われることになる。

①民　法
　契約や損害賠償の一般原則、金銭支払い請求などの「時効」などについて規定している。

②民事訴訟法
　民事裁判の手続きのほか、裁判所の略式命令により代金回収を行う方法なども定めている。

（2）病院・診療所等と職員との関係に関する法規

　病院・診療所等と職員の関係を規定する主な法規は次のとおりである。

①労働基準法
　労働者の採用手続き、労働時間や休日・休暇、賃金など労働条件について規定する。

②労働契約法
　労働者と使用者との契約に関する基本的事項を定めている。

③労働安全衛生法
　労働者の安全と健康を維持するために、雇用者が行うべき義務について規定する。

（3）病院・診療所等と社会との関係に関する法規

　病院や診療所の運営に際して参照することが多いものとして、以下の法律を押さえておきたい。

①刑　法
　犯罪の種類と刑罰を規定した法律である。

②建築基準法
　建物を建築する際の手続きや敷地・設備・構造・用途などの最低基準を定めている。

③消防法
　消防設備や防火対策、防火を目的とした行政の指導監督などについて定めている。

確認問題

問題1 医療関連法規の説明について、次の選択肢のうち正しいものを1つ選べ。

[選択肢]

①医療法は、病院・診療所などの開設手続きや管理体制などを定めている。

②医師法は、病院に配置しなければならない医師の数などを定めている。

③薬剤師法は、薬局の開設手続きや管理体制などを定めている。

③健康保険法は、病院・診療所が受け取る医療費の額などを定めている。

④介護保険法は、介護サービス事業者が受け取る介護費の額などを定めている。

確認問題

解答 解説

解答 1 ①

解説 1

①○：選択肢のとおり。このほか、都道府県の計画・監督、医療法人制度など
　　も定めている。

②×：医師法は、すべての医師について、その資格や業務を定めており、病院
　　に配置しなければならない医師の数などは医療法など別の法令で規定されて
　　いる。

③×：薬剤師法も、すべての薬剤師について、その資格や業務を定めており、
　　薬局の開設手続きや管理体制は別の法令で規定されている。

④×：健康保険法は、医療保険制度全体の仕組みを定めており、医療費の個々
　　の額は「診療報酬の算定方法」（厚生労働省告示）——通称・診療報酬点数表で
　　規定されている。

⑤×：介護保険法も、介護保険制度全体の仕組みを定めており、介護費の個々
　　の額は「介護報酬の算定方法」（厚生労働省告示）——通称・介護給付費単位数
　　表で規定されている。

第2章

医療法

1 医療法とは何か
2 総　則——医療提供の理念と病院・診療所等の定義
3 医療情報の提供と医療の安全の確保
4 病院・診療所等の開設・管理
5 医療提供体制の確保
6 医療法人

医療法とは何か

1 医療法の構成と内容

　医療法は、国民が適正な医療を安心して受けられることを目的として、1948（昭和23）年に施行された。病院や診療所など医療提供施設の存立そのものを規定しており、病院や診療所の「根拠法」といわれる。その構成（表2-1）と主な内容は次のとおりである。

(1)第1章　総　則

　医療法の目的、医療提供の理念、国や地方公共団体の責務、医師等の責務、病院や診療所など医療提供施設の定義、その他の医療法全体にかかわる事項を規定している。

(2)第2章　医療に関する選択の支援等

　医療情報の提供に関する基本的な事項と、病院や診療所など医療提供施設の広告の制限について規定している。

(3)第3章　医療の安全の確保

　医療の安全を確保するために必要な国や地方公共団体の責務、医療提供施設の管理者の責務などについて規定している。

(4)第4章　病院、診療所及び助産所

　病院や診療所、助産所の開設手続き、管理体制、人員配置や施設設備の基準、都道府県知事による監督などについて定めている。

(5)第5章　医療提供体制の確保

　病院や診療所などを適切に配置し、地域の医療提供体制を確保するために都道府県が策定すべき計画や方策などについて定めている。

(6)第6章　医療法人

　病院や診療所などの医療提供施設を開設できる団体である医療法人について、その業務

表2-1　医療法の構成

第1章　総　則	第1条～第6条
第2章　医療に関する選択の支援等	
第1節　医療に関する情報の提供等	第6条の2～第6条の4の2
第2節　医業、歯科医業又は助産師の業務等の広告	第6条の5～第6条の8
第3章　医療の安全の確保	
第1節　医療の安全の確保のための措置	第6条の9～第6条の14
第2節　医療事故調査・支援センター	第6条の15～第6条の27
第4章　病院、診療所及び助産所	
第1節　開設等	第7条～第9条
第2節　管　理	第10条～第23条
第3節　監　督	第23条の2～第30条
第4節　雑　則	第30条の2
第5章　医療提供体制の確保	
第1節　基本方針	第30条の3～第30条の3の2
第2節　医療計画	第30条の4～第30条の12
第3節　地域における病床の機能の分化及び連携の推進	第30条の13～第30条の18
第4節　医療従事者の確保等に関する施策等	第30条の19～第30条の27
第5節　公的医療機関	第31条～第38条
第6章　医療法人	
第1節　通　則	第39条～第43条
第2節　設　立	第44条～第46条
第3節　機　関	第46条の2～第49条の3
第4節　計　算	第50条～第54条
第5節　社会医療法人債	第54条の2～第54条の8
第6節　定款および寄付行為の変更	第54条の9
第7節　解散及び清算	第55条～第56条の16
第8節　合併及び分割	第57条～第62条の3
第9節　監　督	第63条～第69条
第7章　地域医療連携推進法人	
第1節　認　定	第70条～第70条の6
第2節　業務等	第70条の7～第70条の16
第3節　監　督	第70条の17～第70条の23
第4節　雑　則	第71条
第8章　雑　則	第72条～第76条
第9章　罰　則	第77条～第94条
附　則	

の範囲、設立手続き、管理、都道府県知事による監督などについて規定している。

（7）第7章　地域医療連携推進法人

地域において良質で適切な医療を効率的に提供するために、病院や診療所の連携を推進する団体について定めている。

（8）第8章　雑　則

第1章〜第7章に規定した国や地方公共団体が行うべきことに関し、緊急時や特別な場合の執行について定めている。

（9）第9章　罰　則

医療法に違反する行為のうち重大なものについて、「懲役」「罰金」などの罰則を科すことを規定している。

2　医療法の変遷

医療法はたびたび改正され、新たな内容が追加されたり、古い事項が削除されたりしている。表2-1のなかに「第6条の2」や「第6条の4の2」といった表記があるのは、法律が改正された証拠である（日本の法律は、改正があっても原則として従来の条文番号を変更しない。そのため、たとえば第6条と第7条の間に新たな条文を追加する場合は「第6条の2」「第6条の3」などと表記され、第6条の4の2とは、さらにその後、第6条の4と第6条の5の間に新たな条文が加わったことを意味している）。

医療法は、1948年の施行から今日までの間に数十回の改正が行われている。ただし、その多くは、ほかの関連法規が成立したり改正されたりしたため、用語の統一を図るなどの目的で行われた軽微な改正であり、医療制度全体に大きな影響を及ぼす「大改正」は、一般に次の8回だといわれている（表2-2）。

（1）第1次医療法改正（1985年）

医療法の施行から37年を経た1985（昭和60）年、都道府県が策定する医療計画に関する規定（医療法「第5章　医療提供体制の確保」のうち「第2節　医療計画」の部分の前身）が追加された。これにより都道府県は、国の指針に基づき域内に必要な病院の病床数を定めることになり、いわゆる「病床の総量規制」が始まった。

戦後40年が経過し、国民の医療ニーズを満たすために必要な病院や診療所の整備はほぼ完了したとして、日本の医療を「量」から「質」へと転換させることを目的とする改正である。1970年代から大きく伸び始めた国民医療費を抑制する狙いもあった。

表2-2　医療法の大きな改正の歴史

1948 年　医療法施行
1985 年　第 1 次医療法改正
・都道府県による医療計画の導入＝病院・有床診療所の病床の総量規制へ
1992 年　第 2 次医療法改正
・特定機能病院の創設＝高度医療を担うものとして位置づける ・療養型病床群の創設＝高齢者等の慢性期医療を担うものとして位置づける ・広告規制の緩和
1997 年　第 3 次医療法改正
・地域医療支援病院の創設＝地域に開かれた地域中核病院として位置づける ・医療計画の充実化 ・広告規制の一層の緩和
2000 年　第 4 次医療法改正
・一般病床と療養病床に二分化＝医療計画では病床区分ごとに病床数を定める
2006 年　第 5 次医療法改正
・医療情報提供の推進 ・医療安全確保の推進 ・医療従事者の確保への対応 ・社会医療法人制度の創設＝より公益的な医療を担う医療法人として位置づける
2014 年　第 6 次医療法改正
・病床機能報告制度の創設 ・地域医療構想（ビジョン）の策定 ・居宅等における医療の充実、医療・介護の連携の推進のための医療計画の見直し ・地域医療支援センターの機能を医療法に位置づけ ・医療事故に係る調査の義務化、医療事故調査・支援センターの創設
2015 年　第 7 次医療法改正
・医療法人経営の透明性の確保とガバナンスの強化 ・医療法人の分割に関する規定 ・地域医療連携推進法人の創設
2017 年　第 8 次医療法改正
・高度医療の開発・提供を担う特定機能病院の管理強化 ・医療提供施設開設者に対する監督規定 ・検体検査の品質・精度管理 ・広告規制の強化

（2）第2次医療法改正（1992年）

社会の高齢化や疾病構造の変化に対応するべく、医療を効率的に提供するための医療施設機能の類型化が図られ、高度医療を担う「特定機能病院」と慢性期医療を担う「療養型病床群（現在の療養病床の前身）」が制度化された。また、広告規制の緩和も行われた。

（3）第3次医療法改正（1997年）

第2次改正による医療施設機能の類型化をさらに推し進め、従来の総合病院に代わる「地域医療支援病院」が制度化され、医療計画の充実化や広告規制の一層の緩和が図られた。

（4）第4次医療法改正（2000年）

介護保険法が施行された2000（平成12）年、病院および有床診療所の病床を、主として急性期の患者が入院する「一般病床」と慢性期の患者が入院する「療養病床」とに二分し、それぞれについて必要な病床数を都道府県の医療計画で定めることになった。

（5）第5次医療法改正（2006年）

社会の各分野で情報公開が進むなか、患者等への医療についての情報提供に関する規定が新設された（医療法「第2章　医療に関する選択の支援等」のうち「第1節　医療に関する情報の提供等」の部分）。併せて、医療の安全を確保するための規定も設けられた（同「第3章　医療の安全の確保」のうち「第1節　医療の安全の確保のための措置」の部分）。

また、地域や診療科による医師不足等の問題に対応する諸規定を設けた（同「第5章　医療提供体制の確保」のうち「第4節　医療従事者の確保等に関する施策等」の部分）ほか、従来の医療法人よりも公益的な役割を担うものとして「社会医療法人」という新たな制度を創設した（同「第6章　医療法人」のうち「第5節　社会医療法人債」の部分）。

（6）第6次医療法改正（2014年）

高齢化と人口減少がますます進行するなか、2014（平成26）年、地域において医療と介護を一体的に提供するために「地域における医療及び介護の総合的な確保を推進するための関係法律の整備等に関する法律」（通称「医療介護総合確保推進法」）が成立し、これを受けて医療法も改正された。

医療介護総合確保推進法は、2025年に向けて各市町村が、それぞれの地域で医療・介護・介護予防・住まい・日常生活の支援を包括的に確保する「地域包括ケアシステム」を構築しようというものである。特に医療と介護の連携が重要視されており、そのため医療法の一部が改正されている。

第6次医療法改正の中心は、病床機能（急性期医療を担う一般病床と慢性期医療を担う

療養病床の機能）の病床機能報告制度の創設、地域医療構想の策定、居宅における医療の充実ならびに医療・介護の連携の推進のための医療計画の見直し、地域医療支援センターの位置づけなどである（医療法「第5章　医療提供体制の確保」のうち「第3節　地域における病床の機能の分化及び連携の推進」の部分）。これに併せて、正当な理由なく稼働していない療養病床を削減することができる都道府県知事の権限強化が図られた。

　このほか、医療事故が起こった際の調査が義務化され、その報告機関として医療事故調査・支援センターが創設された（同「第3章　医療の安全の確保」のうち「第2節　医療事故調査・支援センター」の部分）

■（7）第7次医療法改正（2015年）

　2015（平成27）年の第7次医療法改正は、医療法人制度の見直しと地域医療連携推進法人制度の創設がねらいである。前者は医療法人経営の透明性の確保（医療法「第6章　医療法人」のうち「第3節　機関」の部分）、医療法人の分割に関する規定（同「第6章　医療法人」のうち「第8節　合併及び分割」の部分）である。そして後者は、地域において医療機関相互間の機能の分担や業務の連携を推進するために新たに創設する地域医療連携推進法人について、その認定手続きや業務の内容が規定されている（同「第7章　地域医療連携推進法人」の部分）

■（8）第8次医療法改正（2017年）

　2017（平成29）年の改定では、本書の次節で解説する高度医療の開発・提供を担う「特定機能病院」における医療事故の多発が社会問題化したことから、特定機能病院の管理の強化が定められた。このほか、医療提供施設の開設者に対する監督規定の整備、検体検査の品質・精度管理に関する規定、広告における虚偽・誇大表現の規制なども追加されている。

総則
——医療提供の理念と病院・診療所等の定義

1 医療提供の理念と行政・医療従事者の責務

　医療法の「第1章　総則」は、先に述べた2006(平成18)年の第5次医療法改正で大きく見直された。この法律の全体、すなわち日本の医療制度の全体に関する基本的な事項が記されているので十分に確認しておきたい。

(1) 医療法の目的(第1条)

　医療法は、下記4つの事項などを定めることにより、「医療を受けるものの利益の保護及び良質かつ適切な医療を効果的に提供する体制の確保を図り、もって国民の健康の保持に寄与することを目的とする」と謳っている。
①医療に関する適切な選択を支援するために必要な事項
②医療の安全を確保するために必要な事項
③病院、診療所及び助産所の開設及び管理に関し必要な事項
④これらの施設の整備並びに医療提供施設相互間の機能の分担及び業務の連携を推進するために必要な事項

(2) 医療提供の理念(第1条の2)

　医療を提供する際の基本理念として、具体的に下記の6つを挙げている。
①医療は、生命の尊重と個人の尊厳の保持を旨とし、
②医療の担い手と医療を受ける者との信頼関係に基づき、
③医療を受ける者の心身の状況に応じて行われるとともに、
④単に治療のみならず、疾病の予防の措置及びリハビリテーションを含む良質かつ適切なものでなければならない
⑤医療は、医療提供施設の機能に応じて効率的に、
⑥かつ福祉サービスその他の関連サービスとの有機的な連携を図りつつ提供されなければならない

（3）行政の責務（第1条の3）

国や地方公共団体などの行政は、第1条の2に規定する理念に基づき、「国民に対し良質かつ適切な医療を効率的に提供する体制が確保されるよう努めなければならない」と規定している。

（4）医療従事者の責務（第1条の4）

一方、医療従事者に対しては、その責務として下記の5つを掲げている。

①医師、歯科医師、薬剤師、看護師などの医療の担い手（医療従事者）は第1条の2に規定する理念に基づき、良質かつ適切な医療を行うように努めなければならない

②医療従事者は、適切な説明を行い、医療を受ける者の理解を得るよう努めなければならない

③医師・歯科医師は、必要に応じ他の医療提供施設に紹介し、必要な限度において診療又は調剤に関する情報を他の医療提供施設の医師・歯科医師・薬剤師に提供しなければならない

④病院・診療所の管理者（院長）は、必要な場合には、他の保健医療サービスまたは福祉サービスを提供する者との連携を図り、適切な環境の下で療養を継続することができるよう配慮しなければならない

⑤病院・診療所の管理者は、医療提供施設の建物・設備を、他の医療提供施設の医療従事者にも利用させるよう配慮しなければならない

医療提供施設における医療従事者や管理者には、「良質かつ適切な医療を効率的に提供する体制の確保」という行政の責務をより具体化し、患者に対する説明と患者の理解、他の医療提供施設等との連携を求めている。

2　病院・診療所等の定義

医療法は、病院・診療所・老人保健施設・助産所を定義し、さらに、特別な病院類型として「地域医療支援病院」「特定機能病院」「臨床研究中核病院」の3つについて定めている（表2-3）。

（1）病院・診療所、助産所の定義（第1条の5、第1条の6、第2条）

医療法に規定する「医療提供施設」の定義を定めている。

①病　　院：医師・歯科医師が医療を行う場所で、20人以上の入院施設を有するもの

②診療所：医師・歯科医師が医療を行う場所で、入院施設を有しないもの、または19人以下の入院施設を有するもの（なお、入院施設を有しないものを「無床診療所」、1〜19人

医療経営士●初級テキスト3　21

第2章　医療法

の入院施設を有するものを「有床診療所」という)

③老人保健施設：介護保険法の規定による介護老人保健施設

④助産所：助産師が業務を行う場所で、10人以上の入所施設を有してはならない

■ (2)病院・診療所などと紛らわしい名称の禁止(第3条)

　病院・診療所でないものは、病院・診療所に紛らわしい名称をつけてはならない。また、診療所は、病院に紛らわしい名称をつけてはならない。助産所についても同様である。病院・診療所に紛らわしい名称として「病院」「病院分院」「産院」「療養所」「診療所」および「医院」が例示されている。このほか外来語の「ホスピタル」や「クリニック」なども含むべきだろう。

　たとえば、病院・診療所の業務の一部を受託する会社や病院・診療所に物品を納入する会社など、医療法が定義する病院・診療所でない者が「A病院」などと名乗ることを禁止している。この規定の解釈には微妙なところがあり、「Bメディカルサービス」といった類の名称は容認されているが、これが「C病院サービス」となるとその可否の判断は分かれるように思われる。

　なお、獣医師(医師・歯科医師とはまったく異なる国家資格者)などが開業する「D犬猫病院」や「E動物病院」といった名称は社会通念上も認められている。「犬猫」や「動物」といった語が明記されているため、人間を対象とする病院・診療所と混同することがない、という理由による。

■ (3)地域医療支援病院(第4条)

　次の要件を満たす病院は、都道府県知事の承認を得て「地域医療支援病院」と称することができる。地域医療支援病院は、地域の中心的な役割を担う病院と位置づけられる。

①紹介患者に対する医療を提供し、病院の建物や設備機器をほかの医療提供施設に勤務する医師等の医療従事者の診療や研究・研修のために利用させる体制があること

②救急医療を提供する能力を有すること

③地域の医療従事者のための研修を行わせる能力を有すること

④厚生労働省令で定める数以上の入院施設を有すること(200床以上)

⑤第21条・第22条に定める施設を有すること

■ (4)特定機能病院(第4条の2)

　次の要件を満たす病院は、厚生労働大臣の承認を得て「特定機能病院」と称することができる。特定機能病院は、高度医療の開発・提供を担う病院と位置づけられる。なお、特定の領域に関し高度かつ専門的な医療を提供する特定機能病院については、その特性に応じてほかの特定機能病院とは異なる承認要件を設定している。

総　則──医療提供の理念と病院・診療所等の定義 ❷

①高度の医療を提供する能力を有すること

②高度の医療技術の開発・評価を行う能力を有すること

③高度の医療に関する研修を行わせる能力を有すること

④厚生労働省令で定める診療科名を有すること

　医療法施行規則第6条の4第1項で定めるすべての診療科の標榜を基本とする

⑤厚生労働省令で定める数以上の入院施設を有すること（400床以上）

⑥第21条・第22条の2に定める人員・施設を有すること

　医師の半数以上が医療法施行規則第22条の2第3項で定める専門の医師であること
など

表2-3　地域医療支援病院と特定機能病院

	地域医療支援病院	特定機能病院
意　義	紹介患者中心の医療を提供することにより地域の中心的な役割を担う病院	高度医療の開発・提供を担う病院
体制・能力	①一定の紹介率・逆紹介率を維持して紹介患者中心の医療を提供 ②病院の施設・設備をほかの医療機関の診療・研究のために利用させる体制	①高度医療を提供する能力 ②高度医療技術の開発・評価を行う能力
研修体制	地域の医療従事者のための研修を行わせる能力	高度医療に関する研修を行わせる能力
診療科	救急医療を提供する能力	厚生労働省令で定める診療科
規　模	200床以上	400床以上

（5）臨床研究中核病院（第4条の3）

　次の要件を満たす病院は、厚生労働大臣の許可を得て「臨床研究中核病院」と称することができる。臨床研究中核病院は、革新的医薬品・医療機器等の開発を推進するため、特定の国際水準の臨床研究等の中心的役割を担う病院と位置づけられる。

①特定臨床研究に関する計画を立案し、実施する能力を有すること

②他の病院・診療所と共同して特定臨床研究を実施する場合には、その主導的な役割を果たす能力があること

③他の病院・診療所に対して、特定臨床研究の実施に関する相談に応じ、必要な情報提供・助言を行う能力を有すること

④特定臨床研究に関する研修を行う能力を有すること

⑤厚生労働省令で定める診療科名を有すること（10診療科以上）

⑥厚生労働省令で定める数以上の入院施設を有すること（400床以上）

⑦第21条・第22条の3に定める人員・施設を有すること

医療経営士●初級テキスト3　23

第2章　医療法

3　その他の医療提供施設

　医療法は、病院・診療所・老人保健施設・助産所の４種類についてのみ定義しているが、これ以外にも一般に医療提供施設と考えられる施設がある。たとえば、治療院・鍼灸院・整骨院・接骨院、そして保険薬局などである。また、老人保健施設は医療法に規定されているが、その定義は介護保険法に委ねている。訪問看護ステーションは医療法が規定する医療提供施設ではない。

　これら医療法以外の法律を根拠とする医療提供施設の主なものを**表２-４**に掲げる。

表2-4　医療法以外の法律を根拠とする医療提供施設

施設名	意　義	定義する法律（根拠法）
介護老人保健施設	施設サービス計画に基づいて、看護や医学的管理の下の介護・機能訓練、日常生活上の世話を行うことを目的とする施設。	介護保険法
訪問看護ステーション	訪問看護とは、患者・要介護者の居宅を看護師等が訪問し、療養上の世話や診療の補助を行う医療・介護サービス。これを病院や診療所ではなく、独立して行う事業所が訪問看護ステーションである。保健師や看護師による開業が認められている。	介護保険法
施術所	医師・歯科医師以外で医療行為をすることが法律で認められているあん摩マッサージ指圧師、はり師、きゅう師、または柔道整復師が業務を行う場所である。一般には鍼灸院、治療院、接骨院・整骨院などの名称をつけるものが多い。	あん摩マッサージ指圧師、はり師、きゅう師等に関する法律／柔道整復師法
保険薬局	薬局とは、薬剤師が販売または授与の目的で調剤を行う場所のことであり、医薬品の販売を行うこともできる。単に医薬品を販売するだけで調剤を行わない（調剤室のない）店舗は、薬局という名称を使用することができない。	医薬品、医療機器等の品質、有効性及び安全性の確保等に関する法律（略称：医薬品医療機器等法、旧「薬事法」）

4　さまざまな病院の「種類」

　医療法は、特別な病院類型として「地域医療支援病院」「特定機能病院」「臨床研究中核病院」の３つについてのみ定めていることは前述した。

　ところが、このほかにもさまざまな分類・名称が病院に与えられることがある。たとえば、急性期病院・慢性期病院、大病院・中小病院、リハビリテーション病院、公立病院・民間病院、救急指定病院・災害拠点病院などは、病院の「種類」としてよく耳にする。これらには、診療報酬制度に由来する病院の分類・名称、診療報酬制度・医療法以外の法規に基づく病院の名称、一般的な通称など、さまざまなものがある（表２-５）。

24　医療経営士●初級テキスト3

総　則──医療提供の理念と病院・診療所等の定義 ❷

表2-5　さまざまな病院の分類・名称の例

①診療報酬制度上の分類・名称（その1・入院料に関するもの）	
急性期病院	急性期一般入院基本料を算定する病院の通称
慢性期病院	療養病棟入院基本料を算定する病院の通称
ホスピス	緩和ケア病棟入院料を算定する病棟等の通称

②診療報酬制度上の分類・名称（その2・上記以外のもの）	
大病院／中小病院	200床以上／199床以下の病院の通称
リハビリテーション病院	リハビリについて特別な診療報酬を算定する病院の通称
在宅療養支援病院	在宅医療について特別な診療報酬を算定する病院
在宅療養支援診療所	在宅医療について特別な診療報酬を算定する診療所

③開設者の種類による分類	
公立病院	国立・都道府県立・市区町村立などの病院の通称
公的病院	上記に日赤・済生会・厚生連などを加えたもの
大学病院	大学（国立・公立・私立）が開設する病院の通称
民間病院	医療法人立・個人立などの病院の通称

④診療報酬制度・医療法以外の法規による名称	
救急指定病院	厚生労働省令に基づき都道府県知事が告示する病院
災害拠点病院	災害対策基本法に基づき都道府県知事が指定する病院

⑤一般的な通称（かつては医療法その他の法規に根拠があったものもある）	
総合病院	現在では、多くの診療科名を有する病院の通称
老人病院	現在では、高齢者の入院患者が多い慢性期病院の通称

医療経営士●初級テキスト3　25

第2章　医療法

③ 医療情報の提供と 医療の安全の確保

1　医療に関する選択の支援等

　医療法の「第2章　医療に関する選択の支援等」も、2007（平成19）年の第5次医療法改正で大幅な条文の追加が行われ、患者等への医療情報の提供に関する規定が新設された（前半「第1節　医療に関する情報の提供等」の部分）。

▎(1) 医療提供施設の情報公開（第6条の3）

　病院・診療所等の管理者は、厚生労働省令で定める事項を都道府県知事に報告し、都道府県知事は、報告された事項を公表しなければならない。厚生労働省令で定める事項は下記のとおりである（表2-6）。

表2-6　医療提供施設の情報公開事項（病院の場合）

1．基本情報 ①名称　②開設者　③管理者　④所在地　⑤電話・FAX番号　⑥診療科目　⑦診療日 ⑧診療時間　⑨病床種別病床数
2．アクセス ①主な利用交通手段　②駐車場の有無・台数・料金　③ホームページアドレス ④電子メールアドレス　⑤外来受付時間　⑥予約診療　⑦時間外対応　⑧面会日・時間
3．院内サービス ①院内処方　②対応可能な外国語　③障害者サービス　④車いす利用者サービス ⑤受動喫煙防止の措置　⑥医療相談体制・人数　⑦入院食の提供方法　⑧売店・食堂
4．費用負担 ①保険医療機関・公費負担医療機関　②選定療養（差額ベッド・予約料金など） ③治験実施　④クレジットカードの使用　⑤先進医療実施
5．診療内容・提供サービス ①専門医　②施設設備　③併設介護施設　④対応可能な疾病・治療　⑤短期滞在手術　⑥専門外来　⑦健康診断 ⑧予防接種　⑨在宅医療　⑩介護サービス　⑪セカンドオピニオン　⑫医療連携体制　⑬福祉連携体制
6．医療の実績・結果 ①人員配置　②看護師配置　③医療安全対策　④院内感染対策　⑤入院計画連携体制 ⑥診療情報管理体制　⑦情報開示窓口　⑧症例検討体制　⑨治療結果（死亡率など） ⑩患者数　⑪平均在院日数　⑫患者満足度調査　⑬病院機能評価認定

▎(2) 入院患者への書面交付（第6条の4）

　病院・診療所の管理者は、入院患者に対して、1）患者の氏名・生年月日・性別、2）担

26　医療経営士●初級テキスト3

医療情報の提供と医療の安全の確保 ❸

当医師名、3）傷病名・症状、4）入院中の治療計画、などを記載した書面を交付して、適切な説明を行わなければならない。

また、病院・診療所の管理者は、退院時に退院後の療養に必要な保健医療・福祉サービスに関する事項を記した書面の作成・交付・説明に努めなければならず、これらサービス提供者との連携が図られるよう努めなければならない。

(3)医療の広告（第6条の5〜第6条の8）

医療法は、病院・診療所等に対して情報公開を義務づける一方で、病院・診療所等の広告について厳格な規制を行っている。

下記の事項以外は「広告してはならない」と規定している。

①医師・歯科医師である旨

②診療科名

③病院・診療所の名称、電話番号、所在地、管理者名

④診療日・診療時間、予約診療の有無

⑤病院・診療所・医師が法令の規定に基づいて受けた指定

⑥地域医療連携推進法人の参加の病院である旨

⑦入院設備の有無、病床の種別ごとの数、医療従事者の員数、施設設備・従事者に関する事項

⑧医療従事者の氏名・年齢・性別・役職・略歴等

⑨医療相談体制、医療安全確保体制、個人情報保護体制等

⑩紹介できる他の病院・診療所・保健医療サービス・福祉サービス等の名称とそれらとの連携に関する事項

⑪診療情報の提供に関する事項

⑫提供される医療内容に関する事項

⑬平均在院日数、患者数に関する事項

⑭その他厚生労働大臣が定める事項

なお、上記の①〜⑭の広告可能な事項のうち、②診療科名については、政令で定めるとおりとする。具体的には以下のとおりである。

内科　外科　心療内科　精神科　アレルギー科　リウマチ科　小児科　整形外科　形成外科　美容外科　脳神経外科　呼吸器外科　心臓血管外科　小児外科　皮膚科　産婦人科（産科・婦人科）　眼科　耳鼻いんこう科　リハビリテーション科　救急科　放射線科（放射線治療科・放射線診断科）　病理診断科　臨床検査科　など

(医療法施行令第3条の2)

医療経営士●初級テキスト3　27

第2章　医療法

column② 病院・診療所の「広告」とは？

　病院・診療所等が行うことができる広告は、前項に掲げた事項に限られているが、そもそも広告とはいったい何なのだろうか。

●「広告」の定義

　一般に「不特定多数の人に、その人の意思の有無にかかわらず知らせること」と理解されている。駅や道路沿いに設置されている病院の広告看板は、そこを通りかかる誰もに、特に見ようと思わなくても見えてしまう。新聞折り込みなどにより地域住民に広く配布するチラシも、路線バスなどの車内アナウンスも同様である。これらは、病院や診療所の広告の代表例といえよう。また、都道府県・区市町村が住民に配布する広報紙に公立病院等の情報を掲載する場合も広告である。

　したがって、こうした広告に、広告可能な事項以外の情報、たとえば、医師の「趣味・特技・家族構成・飼っているペット・得意なカラオケ曲等々」を記載すると医療法に違反することになる。患者からの感謝のことばや職員の所感なども記載できない。また、「○○病院は、地域の人々の健康と安心のために、保健・医療・福祉の向上に貢献します」といった病院理念も広告可能事項①～⑭に該当しない。

●「広告」に該当しないもの

　ところが、私たちは、このような医師や病院職員の「人となり」の紹介や病院理念を目にすることが多い。これらはすべて医療法違反なのだろうか。

　院内で配布されている「病院案内パンフレット」や「院内報」は、その病院を訪れる患者や家族を対象とし、「読みたい」と思った人だけが手に取るものであることから、「不特定多数」が対象でもなく、「その人の意思にかかわらず」にも該当しない。そのため、「広告ではない」と解釈されている。インターネット上の病院・診療所のウェブサイトも同様に見たい人だけがわざわざ検索して見るものであり、特定の人に配布する印刷物、ウェブサイトに、前述した広告可能事項に該当しない情報を掲載したとしても、医療法の広告規制の対象外となる。

　もちろん、こうしたものが広告に該当しないからといって、それは「医療法に違反しない」という意味でしかない。誇大な表現や事実に反する記述、他人に対する中傷などが、一般消費者の保護を目的とする不当景品類及び不当表示防止法、不正競争防止法、あるいは刑法、その他の法令による取り締まりの対象となるのは当然だろう。

医療情報の提供と医療の安全の確保 ❸

● ウェブサイトの規制

　そうはいっても、近年、インターネットを使ったさまざまな情報の発信・入手が一般化しており、医療サービスについてもトラブルが増加している。そのため、厚生労働省は2012（平成24）年に「医療機関のホームページの内容の適正なあり方に関する指針（医療機関ホームページガイドライン）」を定めた。なお、「指針（ガイドライン）」と称する文書が国や地方公共団体から示されることがしばしばあるが、これは厳密には「法規」ではなく、「関係団体などが自主的に努力して取り組むべきもの」と位置づけられる。

　医療機関のウェブサイトに関する厚生労働省の指針は、美容整形や美容目的の皮膚科・歯科など自由診療（保険診療＝医療保険制度が適用されない医療サービス）を行う病院・診療所等のウェブサイトに掲載されている情報を契機とするトラブルが多いことから策定されたものである。すべての医療機関のウェブサイトを対象とするものなので、その主な内容について触れておきたい。指針では、次の事項についてウェブサイトに掲載すべきでないとしている。「法規」ではないため強制力はないが、社会通念上当たり前のことが指摘されているので、各病院・診療所等においては、これを遵守されたい。

①内容が虚偽または客観的事実であることを証明できないもの

　（例）加工・修正した術前術後の写真等、「絶対安全な手術」等の記述など

②ほかとの比較等により自らの優良性を示そうとするもの

　（例）「日本有数」「県内一」等の記述など

③内容が誇大なもの

　（例）「知事の許可を得た病院」等の認定・資格等の過度な強調（病院が都道府県知事の許可を得ていることは当然である）、治療効果等の過度な強調、体験談の強調など

④早急な受診を過度にあおる表現

　（例）「キャンペーン実施中」等の記述など

⑤科学的根拠が乏しい情報で不安を過度にあおる表現

　（例）「こんな症状がでていれば生命に関わります」等の記述など

⑥公序良俗に反するもの

　（例）性器などのわいせつな図画・映像、激しい外傷などの残虐な図画・映像など

⑦医療法以外の法令で禁止されるもの

　（例）健康増進法第32条の2の規定により禁止されている食品表示など

　なお、美容医療等に関する国民の消費者相談件数が増大したことから、2017（平成29）年の第8次医療法改正に合わせて、さらにガイドラインが変更され、ウェブサイトによる情報提供は医療法第6条の5が規定する広告可能事項の規制を一部解除するものであっても、医療に関する適切な選択が阻害されるおそれがある場合には認めないこ

医療経営士●初級テキスト3　29

第2章　医療法

ととした。つまり、ウェブサイトによる医療情報の提供は、一定の医療法上の規制を受けるものとなり、医療法に規定する「広告」に「準じるもの」と位置づけられることになった。

2　医療の安全の確保

（1）医療安全確保のための措置（第6条の9～第6条の14）

　病院・診療所等の医療提供施設の管理者は、医療に起因すると疑われる死亡などの医療事故が発生した場合には、その事故の日時・場所・状況などを医療事故調査・支援センターに報告し、遺族に説明しなければならない。そして、速やかにその原因を明らかにするために必要な調査を行い、その調査結果はあらかじめ遺族に説明した上で、医療事故調査・支援センターに報告しなければならない。

　このほか、病院等の管理者は、厚生労働省令で定める医療安全確保のための措置を講じなければならない。厚生労働省令が定める事項は次のとおりである。

①医療安全管理体制・院内感染対策体制の確保

・医療安全管理および院内感染対策の体制のための指針の整備
・医療安全管理および院内感染対策の体制のための委員会の開催
・医療安全管理および院内感染対策の体制のための職員研修の実施
・改善の方策の実施

②医薬品安全管理体制・医療機器安全管理体制の確保

・医薬品安全管理・医療機器安全管理のための責任者の配置
・医薬品安全管理・医療機器安全管理のための職員研修の実施
・医薬品安全管理のための手順書の作成
・医療機器安全管理のための保守点検計画の策定
・改善の方策の実施

　都道府県などは、医療安全支援センター（医療事故調査・支援センターとは異なる別の機関）を設置し、以下の事項を実施するよう努めなければならない。

①患者・家族からの苦情・相談に対応し、必要に応じて病院・診療所等の管理者や患者・家族等に助言すること

②病院・診療所等や患者・家族・住民に対して医療安全確保に関して必要な情報を提供すること

③病院・診療所等の従事者に対して医療安全に関する研修を実施すること

■（2）医療事故調査・支援センター（第6条の15〜第6条の27）

　死亡事故などの医療事故が生じた場合に報告を受ける医療事故調査・支援センターは、厚生労働大臣が指定し、これを公示する。医療事故調査・支援センターは下記の業務を行う。

①病院・診療所等から提出された医療事故調査報告を整理・分析すること

②病院・診療所等の管理者に対して、上記の整理・分析を報告すること

③病院・診療所等の管理者や遺族から依頼があった場合には、必要な調査を行い、その結果を管理者や遺族に報告すること

④医療事故調査の従事者に対して医療事故調査の知識・技能に関する研修を行うこと

⑤医療事故調査の実施に関する相談に応じ、必要な情報の提供・支援を行うこと

⑥医療事故の再発防止に関する普及啓発を行うこと

　なお、医療事故調査・支援センターが、病院・診療所の管理者や遺族からの依頼を受けて調査を行う際には、必要に応じて説明や資料提出などの協力を求めることができ、管理者はこれを拒否することができない。

病院・診療所等の開設・管理

1　病院・診療所等の開設

　医療法の「第4章　病院、診療所及び助産所」は、病院・診療所等の開設や管理、都道府県による監督などについて規定している。

(1) 病院・診療所の開設（第7条～第7条の2）

　病院・診療所を開設することができる者は、
①臨床研修を修了した医師または歯科医師
②医療法人や国・地方公共団体などの行政や健康保険組合その他厚生労働大臣が定める団体である。

　医療法は、病院・診療所開設の原則として、病院を開設するとき、医師・歯科医師でない者（上記②）が診療所を開設するときは、開設地の都道府県知事の許可を受けなければならない、と定めている。病院には開設者の限定がないので、すべての病院（上記①②のいずれも）は都道府県知事の許可が必要ということになる。

　また、病院の開設者が病床数（入院施設の定員）や病床種別（精神病床・感染症病床・結核病床・療養病床・一般病床の5種別）を変更する際にも都道府県知事の許可が必要であり、診療所に病床を設けるとき（有床診療所）またはその病床数・病床種別を変更する際も同様である（ただし、地域包括ケアシステムの推進上、一部の有床診療所は特例により届出で足りる場合がある）。

　病院・診療所の開設の許可申請や病床変更の許可申請があり、その申請が法令に定める施設・人員の基準に適合している場合、都道府県知事は許可を与えなければならない。ただし、後に述べる都道府県が策定する「医療計画」に合致するよう条件を付すことができる。

(2) 医師・歯科医師による無床診療所の開設（第8条）

　病院・有床診療所（一部を除く）および医師・歯科医師以外の者（医療法人等の団体）が開設する無床診療所の開設が都道府県知事（一部は市長・区長）の「許可」であるのに対して、医師・歯科医師個人が無床診療所を開設する際には、開設後10日以内に都道府県知事に「届

出」をすることで足りる。

　ここで「許可」と「届出」の違いについて触れておくと、前者は、一般に禁止されている行為を行政の判断によって特別に認めるものであり、後者は、禁止されているわけではないが社会的影響が大きいため行政への報告が必要なものである。つまり、「届出」は法令の要件を満たしていれば必ず受理されるが、「許可」は形式的な要件を満たしていても行政の判断によって認められないことがある。都道府県の定める医療計画に合わない場合に許可されない、というのはこのことによる。

　以上、上記（1）と（2）を併せて、病院・診療所の開設（病床変更）手続きをまとめると、表2-7のようになる。医師・歯科医師個人が無床診療所を開業する場合に限って、許可ではなく届出であることに十分に注意されたい。

表2-7　病院・診療所の開設手続き

医療施設の種類	医療法人等の団体の場合	医師・歯科医師個人の場合
病院	都道府県知事の許可	都道府県知事の許可
有床診療所	都道府県知事の許可	都道府県知事の許可※
無床診療所	都道府県知事の許可	都道府県知事への届出

※ただし、一部の有床診療所に届出で足りる特例あり

■（3）病院・診療所の休止・廃止（第8条の2～第9条）

　病院・診療所の管理者は、正当な理由がなく、1年を超えて休止してはならない。休止した場合、そして再開した場合にも、それぞれ10日以内に都道府県知事に届け出なければならない。病院・診療所を廃止したときも10日以内に届け出なければならない。

2　病院・診療所等の管理

■（1）病院・診療所の管理者（第10条～第13条）

　病院・診療所の開設者は、当該病院・診療所を医師・歯科医師に管理させなければならない。医師・歯科医師が開設者である場合は自ら管理しなければならない。

　ここで、開設者とは一般にいう「経営者（オーナー）」である。前項で述べたとおり、医師・歯科医師個人や医療法人等の団体が開設者として認められる。これに対して、管理者とは一般にいう「事業所長（店長）」であり、病院・診療所では「院長」と呼ばれるのが通例である。

　また、地域医療支援病院・特定機能病院・臨床研究中核病院の管理者は、それぞれ所定の業務報告書を都道府県知事または厚生労働大臣に提出しなければならない。

　有床診療所の管理者は、入院患者の病状急変に対応できる体制とほかの医療提供施設と

の連携を確保しなければならない。

（2）院内掲示義務（第14条の2）

病院・診療所の管理者は、次の事項を院内に掲示しなければならない。

①管理者の氏名
②診療に従事する医師・歯科医師の氏名
③医師・歯科医師の診療日及び診療時間
④その他厚生労働省令で定める事項（病院の建物内部の案内など）

（3）業務委託（第15条の2）

病院・診療所の管理者は、その業務のうち政令で定めるものについて、外部の事業者に委託する場合、厚生労働省令で定める基準に適合するものに委託しなければならない。

政令で定める業務の主なものは次のとおりである。また、厚生労働省令は、それぞれの業務について人員・設備・運営の基準を設けている。

①検体検査
②滅菌消毒
③患者等給食
④患者搬送
⑤医療機器の保守点検
⑥医療用ガス供給設備の保守点検
⑦寝具類洗濯
⑧院内清掃

（4）医師の宿直（第16条）

病院の管理者は病院に医師を宿直させなければならない。診療所はこの限りではない。

3　病院の人員・施設基準

医療法は、医療提供施設のうち病院について人員および設備基準を設けている。

（1）病院の人員・施設基準（第21条）

病院は、厚生労働省令の定めるところにより、次に掲げる人員・施設基準を有しなければならない。

①病床種別に応じて厚生労働省令で定める員数の医師・歯科医師、都道府県の条例で定める看護師その他の従業者

②各科専門の診察室

③手術室

④処置室

⑤臨床検査施設

⑥Ｘ線装置

⑦調剤所

⑧給食施設

⑨診療に関する諸記録

⑩分娩室・新生児の入浴施設（産科・産婦人科を有する病院の場合のみ）

⑪機能訓練室（療養病床を有する病院の場合のみ）

⑫その他都道府県の条例で定める施設

　本条および厚生労働省令が定める人員・施設基準を、一覧表として掲げる（表2-8）。なお、この人員・施設基準は、病院として開設が認められる最低基準である（医療法上の人員・施設基準）。診療報酬の支払方法では、この基準を超える人員・設備を有するものについて、その支払額の点で評価する基準が非常に多く規定されている（診療報酬上の人員・施設基準）。

（2）地域医療支援病院・特定機能病院・臨床研究中核病院の施設基準（第22条・第22条の3）

　医療法上の特別な病院類型である地域医療支援病院・特定機能病院・臨床研究中核病院については、上記のほか、集中治療室、診療に関する諸記録、その他の設置を義務づけている。

医療経営士●初級テキスト3 | 35

第2章　医療法

表2-8　病院の病床種別ごとの人員・施設基準

		一般病床	療養病床
定義		精神病床、結核病床、感染症病床、療養病床以外の病床	主として長期にわたり療養を必要とする患者を入院させるための病床
人員基準（＊1）	医師 看護職員 看護補助者 薬剤師	患者16人：1人 患者 3人：1人 患者70人：1人	患者 48人：1人 患者　4人：1人 患者　4人：1人 患者150人：1人
施設基準	必要施設	各科専門の診察室 手術室 処置室 臨床検査施設（＊2） X線装置 調剤所 給食施設（＊2） 消毒施設（＊2） 洗濯施設（＊2）	各科専門の診察室 手術室 処置室 臨床検査施設（＊2） X線装置 調剤所 給食施設（＊2） 消毒施設（＊2） 洗濯施設（＊2） 機能訓練室 談話室 食堂 浴室
	病室面積	患者1人当たり6.4m^{2}以上 ※既設の場合は4.3m^{2}以上	患者1人当たり6.4m^{2}以上
	廊下幅	片側居室の場合1.8m以上 ※既設の場合は1.2m以上 両側居室の場合2.1m以上 ※既設の場合は1.6m以上	片側居室の場合1.8m以上 ※既設の場合は1.2m以上 両側居室の場合2.7m以上 ※既設の場合は1.6m以上

＊1　人員基準は常勤換算数（詳細はColumn③参照）
＊2　外部業者に委託する場合は一部緩和される

病院・診療所等の開設・管理 ❹

column③ 人員基準の計算

　医療提供施設の人員基準は**表2-8**の「医師　患者16：1人（患者16人に対して医師1人）」のように規定される。つまり、患者数1〜16人の場合は医師1人以上、17〜32人の場合は2人以上ということである。ところで、「医師1人」とは、どんな1人なのだろうか。医療関連法規では、「常勤」や「常勤換算」など勤務形態等の条件を付けて人員数を規定しているので、数え間違いのないように注意したい。

①常勤1人

　常勤とは、各医療提供施設が就業規則で定める1週間当たりの労働時間（35〜40時間の範囲内）で勤務する正規雇用者（定年まで雇用契約期間の定めがない労働者）または雇用期間の定め（たとえば1年契約など）があっても正規雇用者と同じ労働時間を勤務する者である。したがって、常勤1人とは週35〜40時間労働する職員1人のことである。

②常勤換算1人

　常勤換算とは、労働時間の合計を常勤1人分の労働時間に換算したものであり、複数の労働者の1週間当たりの労働時間の合計を、常勤者の1週間当たりの労働時間で除した数である。たとえば、週40時間労働の職場で常勤換算1人とは、常勤1人はもちろん常勤換算1人であるが、週20時間勤務する短時間労働者（パートタイマー）が2人いても常勤換算1人となる（20/40＋20/40＝1.0）。これに週10時間労働する労働者が加われば、常勤換算1.25人（20/40＋20/40＋10/40＝1.25）となり、端数は小数点以下で示される（医療関連法規では「常勤換算2.5人」などの人員基準もある）。

③専従1人

　診療報酬制度の上で「専従者」あるいは「専従の○○（医師など）」という人員基準がある。「専従」とは専らその業務のみに従事する者をいい、その者が労働時間内に行うほかの仕事の時間は除外される。たとえば、Aの業務に週30時間、ほかの業務に週10時間従事する労働者は、「専従のA」としては0.75人（30/40＝0.75）ということになる。

④常勤専従1人

　上記①常勤と③専従の組み合わせであり、常勤かつ専らその業務にのみ従事する者を1人配置するという意味である。週35〜40時間のすべての労働時間帯でほかの業務に従事することができない。これに対して、単に「常勤1人」という場合は、労働時間内にほかの業務を兼務することも許される（たとえば「病院管理者　常勤医師」の場合、院長である医師は院長としての業務のほか、ほかの医師と同様に診療に携わることができる）。ただし、「業務に支障がない限り」などの限定が付される場合が多いので、それぞれの人員基準の規定を注意深く読む必要がある。

医療経営士●初級テキスト3　37

医療提供体制の確保

1 医療計画

　医療法は「第5章　医療提供体制の確保」で、都道府県に対して「医療計画」を策定し、地域の実情に応じた医療提供体制の確保を図るものとしている。この部分は、1985（昭和60）年の第1次医療法改正で創設された。医療計画は、都道府県全体として取り組むべき施策が盛り込まれるほか、都道府県内を細分化した地域的単位（二次医療圏）ごとに整備すべき病院・診療所の病床数を定めている（病床の総量規制）。

　なお、医療計画は、これまで5年ごとに策定されることになっていたが、2018（平成30）年以降は、3年ごとに策定される介護保険事業計画とサイクルを合わせるために、6年を1期とする計画を策定するよう改められた。

（1）基本方針（第30条の3）

　2014（平成26）年の「第6次医療法改正」の一環として改正された「地域における医療及び介護の総合的な確保の促進に関する法律（旧「地域における公的介護施設等の計画的な整備等の促進に関する法律」）」の第3条第1項において、厚生労働大臣は「地域において効率的かつ質の高い医療提供体制を構築するとともに地域包括ケアシステムを構築することを通じ、地域における医療及び介護を総合的に確保するための基本的な方針（略称「総合確保方針」）」を定めなければならない、と規定している。

　医療法第30条の3は、上記の「総合確保方針」に則して、厚生労働大臣は、良質かつ適切な医療を効率的に提供する体制（医療提供体制）の確保を図るための基本的な方針（略称「基本方針」）を定めるものとする、と規定している。従来よりも地域包括ケアシステムを構築することなども含めて、介護分野との連携・機能分化を重視した内容が求められるようになり、その「基本方針」において定める事項は、次のようになっている。

①医療提供体制の確保のため講じようとする施策の基本となるべき事項
②医療提供体制の確保に関する調査・研究に関する基本的な事項
③医療提供体制の確保に係る目標に関する事項
④医療提供施設相互間の機能の分担・連携、医療を受ける者に対する医療提供施設の機能に関する情報提供の推進に関する基本的な事項

⑤地域医療構想に関する基本的な事項

⑥地域における病床機能の分化・連携、医療を受ける者に対する病床機能に関する情報の提供の推進に関する基本的な事項

⑦医療従事者の確保に関する基本的な事項

⑧医療計画の作成、医療計画に基づく事業の実施状況の評価に関する基本的な事項

⑨その他、重要な事項

（2）医療計画に定める事項（第30条の4）

都道府県は、上記の基本方針に従って、地域の実情に応じて当該都道府県における医療提供体制の確保を図るための医療計画を策定する。医療計画で定めるべき事項は次のとおりである。

①5疾病・5事業と在宅医療の確保の目標に関する事項

②5疾病・5事業と在宅医療の確保に係る医療連携体制に関する事項

③医療連携体制における医療提供施設の機能に関する情報提供の推進に関する事項

④5疾病の治療・予防に関する事項

⑤5事業の確保に必要な事業に関する事項

⑥在宅医療の確保に関する事項

⑦病床機能の分化・連携を推進するための将来の地域医療構想に関する事項

⑧地域医療構想の達成に向けた病床機能の分化・推進に関する事項

⑨病床機能に関する情報提供の推進に関する事項

⑩医療従事者の確保に関する事項

⑪医療安全の確保に関する事項

⑫病院・診療所の病床整備の地域単位（二次医療圏）の区域の設定に関する事項

⑬特殊な医療を提供する病院の病床整備のために複数の上記の地域単位を併せた区域の設定に関する事項

⑭一般病床・療養病床等の病床種別ごとの基準病床数に関する事項

なお、上記①②④の「5疾病」とは患者数が多く死亡率が高いなど緊急性を要する「がん」「脳卒中」「急性心筋梗塞」「糖尿病」「精神疾患」であり、①②⑤の「5事業」とは地域医療の確保に必要な「救急医療」「災害医療」「へき地医療」「周産期医療」「小児医療（小児救急医療を含む）」である。また、⑭の基準病床数を算定する方法は厚生労働省令で定められ、人口急増など特別な事情がない限り、これに従わなければならない。

上記①〜⑭のほか、地域医療支援病院の整備目標に関する事項も医療計画で定めるように努めなければならない。

第2章　医療法

（3）基準病床数を超える病床新増設の制限（第7条の2）

　都道府県の医療計画で算出される地域単位で基準病床数を超えて病床を整備することは認められない。このことは、1985年に都道府県の医療計画が創設されてから変わっていないが、2000年の第4次医療法改正で、次の内容が改めて明文化された。

①基準病床数を超える病院・診療所の開設は許可しない
②基準病床数を超える病院・診療所の増床は許可しない
③基準病床数を超える病院・診療所の病床変更は許可しない

2　医療計画を実現するための諸規定

（1）病床機能報告制度（第30条の13）

　2014年の第6次医療法改正により、病床機能報告制度が創設された。一般病床または療養病床を持つ病院・有床診療所の管理者は、厚生労働省令で定める基準日（毎年7月1日）における病床機能（高度急性期・急性期・回復期・慢性期）、基準日から6年が経過した時点における病床機能の予定などを、都道府県知事に報告しなければならない。都道府県は、病床機能報告制度による情報を活用し、地域医療構想を策定するとともに、病床機能・医療機能の分化と連携を推進する。

　また、都道府県は、地域医療構想（ビジョン）を実現するために、医師会、その他の医療関係者、医療保険者などによる協議の場である「地域医療構想調整会議」を行う。

（2）都道府県の責務（第30条の14〜第30条の27）

　都道府県は、策定した医療計画の実現を図るために、必要な事項を実施しなければならない。その主要なものは次のとおりである。

①地域医療構想の達成を推進するために必要な事項についての関係者との協議
②医療従事者の勤務環境の改善を促進するための相談・助言、必要な情報提供、調査・啓発活動など
③救急医療等の医療従事者確保のための施策の策定
④医師確保のための調査・分析、相談・助言、必要な情報の提供

40　医療経営士●初級テキスト3

医療提供体制の確保 ⑤

column④ 法律不遡及の原則

　新たに制定されたり改正されたりした法律は、原則として、その施行以前にさかのぼって適用されることはない。これを「法律不遡及の原則」という。そうでなければ既得権が侵されたり、過去の予測が裏切られたりして、社会の安定性が損なわれるからである。医療関連法規にも、この原則は適用される。たとえば、仮に医療計画の見直しで、地域に基準病床数を超える病床が存在することになったとしても、それを超えた分について過去に受けた許可が取り消され、強制的に病床数を削減されることはない。

　また、病院の施設基準もたびたび変更されるが、旧基準で建設された病院が新基準に合わないからといって直ちに開設の許可が取り消されるわけではない。通常は施設の建て替え、または大規模改修の際に新基準を満たすようにすればよい、とされる。

　ただし、法律不遡及の原則は「原則」であるから「例外」も存在する。「施行後○○年の間は旧基準でもよい」として、一定期間経過後は旧基準のものを認めない場合もある。

　また、旧基準のものは診療報酬を減額するなどの不利益な取り扱いをする場合もある。

医療経営士●初級テキスト3 41

1 医療法人とは何か

(1) 医療法人(第39条〜第40条)

　病院や診療所、介護老人保健施設を開設しようとする団体は、医療法の規定に基づいて医療法人とすることができる。
　「法人」とは、「法律」の上で「人」と同じように扱われるものをいう。法人は、法人を構成する個々人とは別の「法人格」という人格を持つ。たとえば、株式会社も法人の一種であるが、会社の借金は会社が返済するものであって、社長や従業員に直ちに返済する義務はない。経済面に着目すると「別のサイフを持つ」ということである。わが国では、中小企業などを中心に、会社が金融機関から融資を受ける際に社長個人が連帯保証人になるという慣習がある。こうした場合は社長個人にも返済義務が生じるが、それは連帯保証人としての義務であって、社長本人が融資を受けたことにはならない。
　医療法人は、病院・診療所等を開設し運営することを目的とする法人である。医療法人とその代表者である理事長個人との関係は、株式会社と社長個人との関係と同様である。なお、医療法人でない者は、その名称中に医療法人という文字を用いてはならない。

(2) 医療法人のメリット

　病院・診療所等は医師・歯科医師個人でも開設できるが、わざわざ医療法人を設立するメリットはどこにあるのだろうか。
　1つは、医師個人の私生活と病院・診療所等の運営とがきちんと分離できることである。個人で開設する場合は、さまざまな支出について、1つのサイフのなかで、「これは病院運営のための支出、それは院長個人の支出」と煩雑な仕訳をしなければならない。これが医療法人になると、院長の収入は法人からの給与という扱いになり、個人の支出はそのなかでの消費となるので明快になる。
　もう1つは、病院・診療所等の永続性が確保されることである。医師個人が開設する病院では、その医師が死亡または引退すると原則として病院は廃止になってしまう。ところが、法人は法律によって創造された「抽象的な存在」であるから、その代表者が不在になっ

ても別の代表者を選任することによって存続することが可能だ。これこそが「法人」制度の本質だろう。

このほか、介護保険サービスのなかには、法人でなければ行うことのできないサービスがあり、医療と介護を総合的に提供できるというメリットもある。

なお、医療法人にすることによる税制上のメリットが挙げられることもあるが、個人と医療法人のどちらが有利かは一概にいえないようである。

▌(3)医療法人が行うことができる業務（第42条）

医療法人は病院・診療所・介護老人保健施設を開設することを目的とする法人である。その本来の業務に支障のない限り、次に掲げる業務(附帯業務)を行うことができる。

①医療関係者の養成・再教育

②医学・歯学に関する研究所の設置

③サテライト診療所（医師・歯科医師が常時勤務しない診療所）の開設

④疾病予防のための有酸素運動施設の設置

⑤疾病予防のための温泉施設の設置

⑥その他保健衛生に関する業務

⑦社会福祉事業のうち厚生労働大臣が定めるもの

・軽費老人ホーム（ケアハウス）の設置

・老人福祉法に規定する老人居宅介護等事業、老人デイサービス事業、老人短期入所事業などの事業（介護保険法でいう訪問介護・訪問入浴介護・通所介護・短期入所生活介護・小規模多機能型居宅介護・認知症対応型共同生活介護など）

・その他（児童福祉事業、母子・寡婦福祉事業、身体障害者福祉事業などのうち一定のもの）

⑧有料老人ホーム・サービス付き高齢者向け住宅の設置

▌(4)医療法人が行うことができる業務の運用

医療法人は、病院・診療所・介護老人保健施設を開設することを目的として設立される法人であるから、その行うことができる業務は本来業務と附帯業務のみに限定されている。たとえば、いくら「医食同源」を主張しても飲食店を営むことは許されないし、通院患者を輸送するためのタクシー営業を行うことも認められない（もちろん、個人や別会社で行うことはできる）。

ただし、病院敷地内の駐車場に料金を課すことや、病院内で衛生用品や飲料などを販売すること、敷地内・病院内の一定の場所をほかの事業者が経営する物販店・飲食店・理美容店などに賃貸することなどは、「患者の利便に供するもの」である限り、その規模や内容が社会通念に反しない範囲で認められている。

第2章　医療法

2　社会医療法人

(1) 社会医療法人とは

社会医療法人とは、医療法人のうち特別に公益性の高い医療を提供するものとして、2007年の第5次医療法改正で新たに創設された特別な医療法人である。公益性の高い医療とは、救急医療、災害医療、へき地医療、周産期医療、小児医療など、特に地域医療の確保に必要な事業である。

(2) 社会医療法人の要件(第42条の2)

次に掲げる要件に該当し、都道府県知事の認定を受けたものが社会医療法人である。
①配偶者・3親等以内の親族・これと同等の特殊関係者が役員総数の3分の1以下であること
②配偶者・3親等以内の親族・これと同等の特殊関係者が社員総数の3分の1以下であること
③医療計画に記載された救急医療等確保事業(救急医療・災害医療・へき地医療・周産期医療・小児医療の5事業)を行っていること
④救急医療等確保事業についての設備・体制・実績が基準に適合していること
⑤解散時の残余財産を国、地方公共団体、他の社会医療法人に帰属させること

(3) 社会医療法人の行うことができる業務 (第42条の2・第54条の2〜第54条の8)

社会医療法人は、本来の業務に支障のない限り、厚生労働大臣が定める収益業務を行うことができる。この場合、その収益は、病院・診療所・介護老人保健施設の経営に充当することを目的とする。

厚生労働大臣が定める収益業務は、農業、林業、漁業、製造業、情報通信業、運輸業、卸売・小売業、不動産業(土地建物売買を除く)、飲食店・宿泊業、医療・福祉、教育・学習支援業、複合サービス事業、サービス業とかなり広範囲に及んでいる。わが国の産業分類のなかでは、「鉱業」「建設業」や「金融業」などが抜け落ちているくらいだろう。ただし、「社会医療法人の信用を傷つけるおそれがあるものでないこと」「経営が投機的に行われるものでないこと」という条件が付されている。

社会医療法人は、救急医療等確保事業の実施に資することを目的に、「社会医療法人債」という公募債(不特定多数から資金を募集すること)を発行することができる。また、法人税等が減免されるなど、税制上の優遇措置もある。

医療法人 **6**

3 医療法人の設立と機関

(1)医療法人の設立(第44条)

　医療法人の設立は、都道府県知事の認可による。医療法人を設立するときには、目的、名称、開設する病院・診療所等の名称・所在地、資産・会計に関する規定、役員に関する規定、社員総会、その他必要事項を、定款(社団の場合)または寄附行為(財団の場合)に定めなければならない。

(2)医療法人の機関(第46条の2〜第46条の8)

　社団である医療法人は、社員総会・理事・理事会・監事を置かなければならない。また、財団である医療法人は、評議員、評議員会・理事・理事会・監事を置かなければならない。

---

column⑤ **社団と財団**

　医療法人以外にもさまざまな種類の法人があるが、法人は大きく「社団」と「財団」の2つに分けられる。「社団法人A」というのが典型的な社団であるが、「会社」や「特定非営利活動法人(NPO)」も社団の一種である。社団とは、特定の目的のために複数の人が組織する団体に対して、法律が人格(あたかも「人」のように扱うこと=法人格)を与えたものである。その構成員(組織した人々)を「社員」といい、社員が一堂に会する場が「社員総会」である。株式会社の場合は、株主が「社員」、株主総会が「社員総会」にあたる。やっかいなことに、俗に「社員」と呼ばれる労働者(従業員)は、実はここでいう社員には該当しない。

　一方、財団は「財団法人B」というのが典型例であるが、「学校法人」や「宗教法人」なども財団の一種であり、海外に目を向けると「ノーベル財団(Nobel Foundation)」が特に有名である。財団とは、特定の目的のために提供された財産(Foundation=基金)に対して法人格を与えたものである。その財産の運用を管理するのが「評議員」であり、評議員が一堂に会する場が「評議員総会」である。

　医療法人には、社団である医療法人(医療法人社団)と財団である医療法人(医療法人財団)の2種類がある。社団・財団に共通の「理事」は社員・評議員が選任する法人の目的を遂行する中心的な人々(社員である必要はなく、また下記のとおり評議員であってはならない)であり、その代表者が「理事長」である。会社であれば、取締役が「理事」、社長が「理事長」に相当する。

医療経営士●初級テキスト3　　45

第2章　医療法

　社団である医療法人の社員は、株式会社の株主とは大きく異なり、各社員1個の議決権を有す（株式会社の株主の場合、100株を保有する株主Aと10,000株を保有する株主Bとの間には100票：10,000票の差があるが、医療法人の社員は出資の有無や多寡にかかわらず1人1票である）。

　財団である医療法人の評議員は、医療従事者・医療提供施設経営の有識者・医療を受ける者などのなかから、寄付行為によって選任された者であるが、当該医療法人の理事・理事長・監事や職員であってはならない。

　医療法人は、社員総会・評議員会の決議によって、役員として3人以上の理事と1人以上の監事を置かなければならず、当該医療法人が開設するすべての医療提供施設の管理者を理事に加えなければならない。また、理事のうち1人を理事長とするが、理事長は医師・歯科医師でなければならない。

　医療法人の監事は、医療法人の業務・財産状況の監査、監査報告書の作成などの職務を行う。監事は、当該医療法人の理事または職員であってはならない。

(3) 医療法人の会計（第51条・第52条・54条）

　医療法人は、毎年の会計年度終了後2か月以内に事業報告書・財産目録・貸借対照表・損益計算書その他の報告書を作成し、同3か月以内に都道府県知事に届け出なければならない。

　医療法人は剰余金の配当をしてはならない。剰余金とは、全収入から全支出を差し引いた利益のことであるが、その全額を医療法人の資産として残しておかなければならず、出資者に還元するなど、株式会社のように利益の一部を株主に配当するような処分を行うことを禁止している。株式会社が病院・診療所等の開設者として認められないのは、そのためである（JR○○病院・○○鉄道病院やNTT○○病院など、株式会社が開設する病院等が例外的に存在するが、これらは「かつて国営・公営企業または公営に準ずると認められる企業であった」など特別な歴史的事情によるものである）。

4　医療法人の解散と合併・分割

(1) 医療法人の解散（第55条）

　社団である医療法人は、次の事由によって解散する。

①定款で定めた発生事由の発生
②目的である業務の成功の不能
③社員総会の決議
④他の医療法人との合併

⑤社員の欠乏
⑥破産手続きの開始
⑦設立認可の取り消し

　上記のなかで、①のように、あらかじめ解散する場合を定款で定める例はごく稀だと思われるが、病院等の経営が行き詰った際に③④⑥などによって解散することは、しばしばある。②は、医療法人の目的である病院・診療所の開設を継続できないことが確定的となった、という意味であるが、そのときは③④⑥などの手続きを経ないで解散する。たとえば、病院・診療所の休止が１年以上続き、再開のめども立たないのに社員総会で解散を決議しないような場合である。この規定により、株式会社などではしばしば見られる「休眠会社」のような存在、すなわち長期間にわたって医療を提供しない「休眠医療法人」は認められないことになる。

　財団である医療法人の解散も、社団の場合とほぼ同じである。①の「定款」を「寄付行為」に読み替え、②④⑥⑦はそのままである。③と⑤が除外されているのは「社団」ではないからである。

■（2）医療法人の合併（第57条〜第59条）

　医療法人は、合併契約を締結することによって、ほかの医療法人と合併することができる。合併には、株式会社の合併などと同様に吸収合併と新設合併がある。

　「吸収合併」とは医療法人Ａと医療法人Ｂが合併することにより、Ａが消滅し、Ａの権利義務（資産や負債、患者・職員との関係や業者との契約など）の一切をＢが承継する場合をいう。これに対して「新設合併」とはいずれも消滅し、ＡおよびＢの権利義務の一切を新たに設立する医療法人Ｃに承継させる場合をいう。両者の間には合併契約で定める事項が少し異なる。

　なお、社団である医療法人の合併は総社員の同意が必要であり、財団である医療法人の合併は寄付行為に合併することができる旨が定められている場合に限られる。これらの条件が満たされれば、社団・財団同士だけでなく、社団と財団の合併も可能である。

■（3）医療法人の分割（第60条・第61条）

　医療法人の分割とは、医療法人が行っている事業の一部（たとえば、開設する２つの病院のうちの１つ）をほかの医療法人に承継させることである。ここでも「吸収分割」と「新設分割」がある。

　まず、吸収分割とは、医療法人Ａをa-１とa-２に分割し、a-１の部分を維持し、a-２の部分のみをほかの医療法人Ｂに承継させるものであり、いわば事業の一部をほかの同業者に譲り渡すものである。これに対して、新設分割は、分離したa-２部分について新たに医療法人A-２を設立するものであって、会社の分社（たとえば、１つの会社の製造部門

第2章　医療法

と販売部門が分かれ、それぞれが独立した会社になるなど）のようなものである。前者の場合は医療法人Aと医療法人Bとの間に吸収分割契約を締結し、後者の場合は医療法人Aが新設分割計画を作成する。

5　地域医療連携推進法人

■（1）地域医療連携推進法人とは（第70条第1項）

　地域医療連携推進法人とは、地域において医療機関相互間の機能の分担や業務の連携を推進するために、2015年の第7次医療法改正によって新たに創設された法人である。その地域において病院等を開設する法人（医療法人など）や介護事業等の事業所を開設する法人（医療法人・社会福祉法人など）を社員とする社団法人で、都道府県知事の認定を受けたものが地域医療連携推進法人である。

　なお、「法人を社員とする社団法人」という説明がややわかりにくいかもしれないが、「社団とは、特定の目的のために複数の人が組織する団体」という定義と「社団の社員≒株式会社の株主」ということを思い起こしていただきたい。社団を組織する「複数の人」のなかには、あたかも「人」のように扱われる「法人」も含まれる。株式会社（≒医療法人などの法人）がほかの株式会社（≒社団法人である地域医療連携推進法人）の株主（≒社員）であることは決して珍しくない、と同義だとご理解いただければよい。

■（2）地域医療連携推進法人の認定要件（第70条の3・第70条の5）

　都道府県知事は、申請する社団法人が次の基準に適合するとき、地域医療連携推進法人の認定を行うことができる。

①医療連携推進業務を行うことを主たる目的とすること
②医療連携推進業務を行うのに必要な経済的・技術的能力を有すること
③医療連携推進業務を行うにあたり、社員・理事・監事・職員その他の関係者に特別な利益を与えないこと
④地域連携推進業務以外の業務を行う場合は、主たる目的である医療連携推進業務の実施に支障を及ぼさないこと

　地域医療連携推進法人は、その名称中に「地域医療連携推進法人」という文字を用いなければならない。また、地域医療連携推進法人でない者は、その文字または紛らわしい文字を用いてはならない。

■（3）地域医療連携推進法人の業務（第70条第2項・第70条の8）

　地域医療連携推進法人の行う業務は次のとおりである。

48　医療経営士●初級テキスト3

①医療従事者の資質の向上を図るための研修

②病院等の業務に必要な医薬品・医療機器等の物資の供給

③資金の貸し付け

　地域医療連携推進法人は、参加法人が開設・管理する病院・介護事業等の事業所で連携の推進を図る業務を行うことができる。

確認問題

問題1 病院・診療所について、次の選択肢のうち誤っているものを1つ選べ。

[選択肢]

①病院とは20人以上の入院施設を有するもの、診療所とは19人以下の入院施設を有するもの、または入院施設を有しないものである。

②病院は、必ず医師を宿直させなければならないが、有床診療所は医師を宿直させなくてもよい。

③病院・診療所の開設は、すべて都道府県知事の許可が必要である。

④病院・診療所の管理者は、医師・歯科医師でなければならない。

⑤病院・診療所の開設者は、医師・歯科医師でなくてもよい。

確認問題

解答　解説

解答 1　③

解説 1

①○：選択肢のとおり。

②○：選択肢のとおり。有床診療所も入院施設があるので、医師の宿直が必要と思われるかもしれないが、医療法は義務づけていない。ただし、現実には緊急時に直ちに医師に連絡し、駆けつけることができる体制を確保しておく必要があるだろう。

③×：病院・一部を除く有床診療所および医師・歯科医師個人ではない者（医療法人など）が開設する無床診療所は都道府県知事の許可が必要であるが、医師・歯科医師個人が開設する無床診療所と一部の有床診療所は都道府県知事への届出である。

④○：選択肢のとおり。管理者とは一般に「院長」と呼ばれる役職を指し、その病院・診療所の業務を統括する責任者である。

⑤○：選択肢のとおり。開設者とは一般に「経営者」と呼ばれる個人・法人を指し、医師個人の場合も医師・歯科医師とは別人格の医療法人の場合もある。なお、管理者と開設者（または開設者の代表）が同一の医師であることも多い。

医療経営士●初級テキスト3　51

確認問題

問題 2 医療計画について、次の選択肢のうち誤っているものを1つ選べ。

[選択肢]

①医療計画のなかで「5疾病」とは、1)がん、2)脳卒中、3)急性心筋梗塞、4)糖尿病、5)精神疾患である。

②医療計画のなかで「5事業」とは、1)救急医療、2)災害医療、3)へき地医療、4)高度医療、5)小児医療(小児救急医療を含む)である。

③医療計画のなかで基準病床数とは、地域単位ごとに必要とされる病床数のことであり、病床の種類ごとに算出される。

④医療計画で算出された基準病床数を超えているときは、病院・有床診療所を新たに開設し、または病床を増床することはできない。

⑤医療計画で算出された基準病床数を超えているときでも、病院・有床診療所は直ちに病床を削減されることはない。

確認問題

解答 解説

解答 2 ②

解説 2

①○：選択肢のとおり。

②×：4）高度医療ではなく、周産期医療である。

③○：選択肢のとおり。

④○：選択肢のとおり。

⑤○：選択肢のとおり。これを「法律不遡及の原則」という。

医療経営士●初級テキスト3 53

確認問題

問題3 医療法人について、次の選択肢のうち正しいものを1つ選べ。

[選択肢]

①医療法人は、病院、診療所および介護老人保健施設の事業に関する業務以外の業務を行うことができない。

②医療法人は、その役員である理事、理事長および監事のすべてを医師または歯科医師から選任しなければならない。

③医療法人は、病院などの事業で利益が生じたときには、一定の限度内で出資者にその利益を分配することができる。

④医療法人は、社団である医療法人と財団である医療法人との間では合併することができない。

⑤医療法人は、地域医療連携推進法人を設立し、その業務に参加することができる。

確認問題

解答 解説

解答 3 ⑤

解説 3

①×：医療法人は、病院・診療所等の本来の業務のほか、本来の業務に支障の
ない限り、医療法で定める附帯業務を行うことができる。

②×：医療法人の理事長は原則として医師または歯科医師でなければならない
が、理事や監事についてはその限りではない。

③×：医療法人は、剰余金を配当することができず、株式会社のように利益の
一部を株主に配当するような処分を行うことは禁止されている。

④×：医療法人は、社団の場合は総社員の同意、財団の場合は寄付行為に合併
できる旨が定められていれば合併することができ、この条件を満たせば社団
と財団の合併も可能である。

⑤○：選択肢のとおり。地域医療連携推進法人とは、病院等を開設する法人や
介護事業等の事業所を開設・管理する法人などを社員とする社団法人であ
る。

医療経営士●初級テキスト3 | 55

第3章
医療従事者に関する法規

1 医療従事者に関する法規の概要
2 医師法
3 薬剤師法
4 保健師助産師看護師法
5 その他の医療従事者に関する法規

第3章　医療従事者に関する法規

1 医療従事者に関する法規の概要

1 医療従事者に関する法規とは

　医師や歯科医師、薬剤師、保健師、助産師、看護師といった病院や診療所などで働く人々の資格やその業務について定めている法規を総称して「医療従事者に関する法規」という。医療は、国民の身体生命に重大な影響を及ぼすものであるから、医療に携わる人々について、国は法律で免許制度を定め、その資格と行うことができる業務を厳格に定めている。

　ここでは、医師法をはじめ、病院や診療所で働く主な人々に関する法規について、病院や診療所の日常的な運営に関係する範囲で取り上げる。

2 医療従事者に関する法規

　本章では、このような医療従事者に関する法規のうち、病院や診療所の日常的な運営に必要不可欠な下記の法規について、各職種の定義と主な業務を中心に解説する。

①医師法
②薬剤師法
③保健師助産師看護師法
④診療放射線技師法
⑤臨床検査技師等に関する法律
⑥理学療法士及び作業療法士法
⑦栄養士法
⑧社会福祉士及び介護福祉士法
⑨精神保健福祉士法
⑩言語聴覚士法
⑪公認心理師法

　なお、これらの法律で規定される医療従事者の資格は、国家試験に合格した者に与えられる免許であって「国家資格」といい、厚生労働大臣や都道府県知事から免許証を交付される。これとは別に、国家試験を経たものではないが、法令に基づく一定の研修を修了した者として認定された「修了認定」や、法令に基づくものではないが民間団体などが独自の研

58　医療経営士●初級テキスト3

修の修了者や試験の合格者を認証する「民間資格」と呼ばれるものがある。

3　修了認定と民間資格

■（1）修了認定

　看護師は国家資格であるが、その資格を有する看護師がさらに特別な研修を受け、その特別な分野において高い知識と熟練した技術があると認められるものがある。たとえば、「救急看護」「緩和ケア」「がん化学療法看護」「がん放射線看護」「脳卒中リハビリテーション看護」など、その他にもさまざまな分野がある。これらを一般に「認定看護師」といい、そのなかには診療報酬制度の上で、その配置が要件になっていたり、配置すると診療報酬の加算が得られたりするものがある。これとは別に「特定看護師」という制度もある。

　また、介護分野で主要な職種である「介護支援専門員（通称・ケアマネジャー）」も法律が定める国家資格ではなく、介護の分野で一定の経験を有する者が法令に基づく一定の研修を受け、その修了が認定された者である。介護職員初任者研修（旧・訪問介護員研修）も同様である。介護保険関連法規では、介護支援専門員や介護職員初任者研修修了者の存在を前提とした数多くの規定が定められている。

　これら研修の「終了認定」は、国家資格とは異なるが、すでに医療関連法規に取り込まれ制度の一部を構成していると考えてよいだろう。

■（2）民間資格

　一方、民間企業・各種団体や学校などが認定する「民間資格」がある。たとえば、診療録管理士や医療事務管理士などがこれにあたるが、これらは法令に基づくものではなく、また医療関連法規に明確に位置づけられているわけでもない（診療報酬の加算に「診療録管理体制加算」があるが、診療録管理士の研修を修了した者を配置することは要件にはなっていない）。

　とはいえ、社会的信用の高い企業・団体等が認定する民間資格は、一定の社会的評価を受け、病院・診療所等に就職する際や昇進に有利に働くことが多いのは間違いない。本テキストの読者が目標とする「医療経営士」も「一般社団法人日本医療経営実践協会」という団体が認定する民間資格である。

第3章 医療従事者に関する法規

column⑥ 医療従事者の資格名称における「師」と「士」

　医療従事者の資格名称で、医師・薬剤師・看護師・診療放射線技師・臨床検査技師などは「師」、理学療法士・作業療法士・栄養士・社会福祉士・介護福祉士などは「士」である。この「師」と「士」の違いはいったい何なのだろう。医療以外のほかの分野でも、美容師・理容師などは「師」、弁護士・税理士・社会保険労務士・保育士・建築士などは「士」である。同音であるため実に紛らわしい。

　いずれも法律に資格取得や業務が規定されている国家資格の専門職であることが共通している（ここでは陰陽師・一寸法師や武士・兵士など現在の国家資格者名称以外のものは考慮しない）。なぜ「医士」ではなく「医師」、「弁護師」ではなく「弁護士」なのか。その1つの回答として、専門知識・専門技術を有する国家資格者が「士」、さらにそのなかで他人に対して指導的な役割を担う者が「師」だと説明する人がいる。「教師」の「師」を手がかりに、おおむね「先生」と呼ばれるべき専門職が「師」、そうではない専門職が「士」というわけである。

　確かに、医師は患者や職員などから「先生」の敬称で呼ばれている。ところが、薬剤師も「先生」と呼ばれることがあるが、それは医薬品関連など一部の業界に限られた慣習である。そして、看護師・診療放射線技師などが「先生」と呼ばれることは滅多にない。一方、弁護士や税理士も「先生」と呼ばれることは多い。また、患者に対する「指導」に着目するならば、栄養士にも「栄養指導」という指導業務がある。

　筆者なりに「師」と「士」の違いについて考察したところ、法律で「師」と規定されたから「師」、「士」と規定されたから「士」である、という単純な、しかしながらあまり釈然としない結論にたどり着かざるを得なかった。たとえば「看護師」は、以前の「保健婦助産婦看護婦法」が、2002（平成14）年3月に現在の「保健師助産師看護師法」と法律名称ごと改正された以降の名称であり、それまで女性看護師は「看護婦」、男性は「看護士」が正式名称であった。なお、法改正に際して看護師の患者等への「指導」の業務が新たに加わったわけではない。

　法律などの法令文書は制定・改正される際、その一言一句あるいは一文字まで厳密に検討され、同じ文言・文字は同じ意味、違ったものは違う意味で使われるのが通例であるが、資格名称である「師」と「士」の区別については慣用的に使用されてきた文字をそのまま採用したものと推測される。「師」と「士」に関する専門的な研究論文をひも解いてみると、奈良時代から江戸時代にかけて使用されてきた歴史的な職業名称表記の流れを汲むものが「師」、明治時代になり西洋の制度を導入するようになってから使い始めた職業名が「士」であるらしい。歴史的な経緯によるもので、現在においては意味の違いは

60　医療経営士●初級テキスト3

ない。(西澤弘『師業と士業の由来──医師はなぜ医士ではないのか』「日本労働研究雑誌」2014年4月号)。

　筆者は、病院職員などが作成した文書のなかで「看護士」や「栄養師」といった、単純なワープロ変換ミスだと信じたい誤表記をしばしば目にすることがある。医療経営「士」を目指す読者の方には十分に注意されることを期待したい。

　余談であるが、ほかに「保健」と「保険」の誤記、すなわち「保険所」や「医療保健」といった変換ミス(ただし「保健医療」という四字熟語は正しい!)も少なくない。この場合の「保健」と「保険」は、「師」と「士」の場合とは異なり、保健＝「健」康を「保」持する、保険＝危「険」を「保」証するという意味上の大きな違いがあるので、少し考えれば間違うことはないだろう。

第3章　医療従事者に関する法規

② 医師法

1 医師に関する基本事項

(1) 医師の任務(第1条)

　医師は、医療・保健指導をつかさどることによって、公衆衛生の向上・増進に寄与し、もって国民の健康な生活を確保するものと規定している。

(2) 医師免許(第2条〜第8条)

　医師は、医師国家試験に合格し、厚生労働大臣の免許を受けなければならない。未成年者や後見人・補佐人がいる判断能力が著しく不十分な者には免許を与えない。また、次の者には、免許を与えないことができる。

①厚生労働省令で定める心身の障害により医師の業務を適正に行うことができない者
②麻薬・大麻などの中毒者
③罰金以上の刑に処せられた者
④その他、医事に関して犯罪・不正の行為があった者

　医師は、医師国家試験に合格した者の申請により、厚生労働省の医籍に登録されることによって、医師免許証の交付を受ける。医師としての品位を損するような行為があったときは、厚生労働大臣は、免許の取消しや停止などの処分を行うことができる。

(3) 臨床研修(第16条の2)

　診療に従事する医師は、大学病院または厚生労働大臣指定の病院で2年以上の臨床研修を受けなければならない。この規定は、2000(平成12)年の第4次医療法改正で創設・追加されたもので、現在、内科・救急・地域医療の3科目が必修、外科・麻酔科・小児科・産婦人科・精神科のうち2科目が選択必修となっているが、2020年度から7科目必修にするなどの見直し案が検討されている。研修期間中は研修に専念しなければならず病院には研修中の適正な給与支払いを義務づける一方で、研修を受ける医師にはプログラム以外の診療アルバイトを禁止している。なお、臨床研修を受ける病院は、研修医自らの希望によって選択することができる。

62　医療経営士●初級テキスト3

医師法 ❷

2 医師の業務

(1)医師の応招義務(第19条)

　診療に従事する医師は、患者から診察・治療の求めがあった場合、正当な理由なしに拒否してはならない。ここで「正当な理由」とは、①医師本人の不在・病気など、②当該医師の専門外でほかの医師による診療が可能な場合、③ほかの患者への対応が手いっぱいで新たな患者の受け入れが困難な場合などが考えられる。ただし、②や③は「患者のたらいまわし」と社会的非難を受けることもあり、その解釈・運用は微妙である。

　また、患者から求めがあった場合には診断書を交付しなければならない。

(2)無診察治療の禁止(第20条)

　医師は、自ら診察しないで治療・処方をしてはならない。ほかの医師の診察に基づいて治療・処方することはできないのである。治療とは、投薬・注射・処置・手術などの医療行為をいう。「リハビリだけ」や「薬だけ」の患者など、医師が診察しないで医療行為をすることは本条に違法しているので厳に慎みたい。

(3)その他の医師の義務(第21条〜第24条)

　医師は、死体を検案して異状があると認めたときは、24時間以内に警察署に届け出なければならない。患者に対して薬剤を投与する必要がある場合は、原則として患者に処方せんを交付しなければならない。また、診療をしたときは、必要に応じて患者・家族等に療養および健康の保持に必要な指導をしなければならない。

　医師は、診療をしたときは、遅滞なく診療に関する事項を診療録に記載しなければならない。診療録とは一般に「カルテ」と呼ばれるものであるが、必ずしも紙に書かれている必要はなく、コンピュータなどに記録されたデータ(電子カルテ)であってもよい。

　なお、「遅滞なく」とは、法律用語では「できるだけ早く」という意味であり、「直ちに」や「速やかに」という文言よりも時間的余裕がある。診療後いつまでが「遅滞なく」の範囲内であるかは社会通念上の判断によるが、通常はその日のうちに、診療時間外の急患や緊急往診などの場合でも翌診療日には記載しておくことが望ましい。

　診療録は5年間保存しなければならない。ここで5年間とは「最初の診療」ではなく「最後の診療」の日が起算点である。

医療経営士●初級テキスト3　63

第3章 医療従事者に関する法規

column⑦ 電話や通信機器を用いた診療

　医療法は、医師は自ら診察しないで治療・処方をしてはならない、と規定している（無診察治療の禁止）。ところで、「診察」とは何か？　患者は必ず診察室などで医師と対面していなければならないのか？　という疑問はかねてよりあった。

　これまで、法令で明文化されてはいなかったが、診療報酬制度の上で、初診ではなく再診以降の場合で、患者または家族等から電話などで治療上の意見を求められて必要な指示をしたときは例外的に再診料を算定できると解釈されている（厚生労働省に対する疑義照会の回答や同省通知）。一般に「電話再診」と呼ばれ、再診料が算定できるということは診察と認められ、すでに処方されたことのある薬剤を新たに処方することも許されてきた。

　2018（平成30）年度診療報酬改定では、電話再診をさらに進め、パソコンやスマートフォンなどインターネット環境を利用した通信機器等を用いて診察を行う場合、電話再診とは別に「オンライン診療料」を算定できることになった。同時に「オンライン医学管理料」や「在宅患者酸素療法指導料（オンライン加算）」なども制度化された。安全性などの観点から、特定の疾患について継続的な治療を行っている場合に限られている。

　今回、「診察」は医師と患者が同一空間で対面することが絶対条件ではないということが、「診療報酬の算定方法」（厚生労働省告示）という法令で明文化することによって一層明確化されたのが大きなポイントである。

医師法法 ❷／薬剤師法 ❸

③ 薬剤師法

1 薬剤師に関する基本事項

(1)薬剤師の任務(第1条)

薬剤師は、調剤・医薬品の供給などをつかさどることによって、公衆衛生の向上・増進に寄与し、もって国民の健康な生活を確保するものと規定している。

(2)薬剤師免許(第2条〜第10条)

薬剤師は、薬剤師国家試験に合格し、厚生労働大臣の免許を受けなければならない。薬剤師免許が与えられない場合や免許の取消し・停止などの処分があることは医師の場合と同様である。

2 薬剤師の業務

(1)薬剤師の調剤に応じる義務(第21条)

薬剤師は、患者から調剤の求めがあった場合、正当な理由なしに拒否してはならない。医師の応招義務と同じ内容の義務を定めている。

(2)調剤の場所(第22条)

薬剤師は、原則として、薬局以外の場所で調剤してはならない。例外として認められるのは、患者の居宅(在宅医療の場合)と病院・診療所等の調剤所である。

(3)処方せんによる調剤(第23条〜第27条)

薬剤師は、医師・歯科医師等の処方せんによらなければ調剤してはならない。その処方せんに疑わしい点があるときは、医師・歯科医師等に照会したあとでなければ調剤してはならない。いわゆる薬剤師の「疑義照会」は、薬剤師法上の義務である。

薬剤師は、調剤した薬剤の容器・被包に処方せんに記載された患者の氏名・用法・用量

医療経営士●初級テキスト3 | 65

などを記載し、患者・家族などに対して薬剤の適正な使用のために必要な情報を提供しなければならない。

　また、薬剤師は、処方せんに必要な事項(調剤済みの旨、調剤年月日、疑義照会の内容等)を記入し、記名押印したうえで、3年間保存しなければならない。

保健師助産師看護師法

1　保健師・助産師・看護師・准看護師に関する基本事項

(1) 保健師・助産師・看護師・准看護師の定義(第2条〜第6条)

　保健師、助産師、看護師および准看護師は、医師または歯科医師の指示の下で、診療を補助し、患者の指導を行うなどの業務を行う。これら4職種を併せて医療関連法規では「看護職員」という。また、これら看護職員に、その業務を補助する、免許等の資格を要しない「看護補助者」(病院等の職場では「看護助手」と呼ばれることも多い)を加えたものを「看護要員」という。

　各職種の定義は次のとおりである(表3-1)。

①保健師
　厚生労働大臣の免許を受けて、保健指導に従事することを業とする者

②助産師
　厚生労働大臣の免許を受けて、助産または妊婦・褥婦(出産後間もなく妊娠前の身体状態に戻っていない女性)・新生児の保健指導を行うことを業とする女子

③看護師
　厚生労働大臣の免許を受けて、傷病者(患者)等に対する療養上の世話または診療の補助を行うことを業とする者

④准看護師
　都道府県知事の免許を受けて、医師・看護師等の指示の下で傷病者(患者)等に対する療養上の世話または診療の補助を行うことを業とする者

　なお、注意すべき点は、助産師が「女子」に限られ男性助産師は認められていないこと、保健師・助産師・看護師は厚生労働大臣の免許であるが、准看護師は都道府県知事の免許であることだ。看護師と准看護師の微妙な定義の違いについては後述する。

第3章　医療従事者に関する法規

表3-1　保健師・助産師・看護師・准看護師等の定義

職　種	免許権者	業務内容		総称	
保 健 師	厚生労働大臣	①保健指導			
助 産 師	厚生労働大臣	①助産　②妊婦・褥婦・新生児の保健指導			
看 護 師	厚生労働大臣	①傷病者の療養上の世話*　②診療の補助	看護職員	看護要員	
准看護師	都道府県知事	①傷病者の療養上の世話*　②診療の補助			
看護補助者	────	①看護職員の業務の補助			

＊療養上の世話についての違いは後述

（2）保健師・助産師・看護師・准看護師の免許（第7条～第16条）

　保健師は「保健師国家試験」および「看護師国家試験」に、助産師は「助産師国家試験」および「看護師国家試験」に、そして看護師は「看護師国家試験」に合格し、厚生労働大臣の免許を受けなければならない。准看護師は「准看護師試験」に合格し、都道府県知事の免許を受けなければならない。

　医師や薬剤師の場合は未成年者などには免許を与えないと規定されているが、保健師・助産師・看護師・准看護師はその制限はない。免許の取消し・停止があることについては、おおむね医師・薬剤師の場合と同様である。

2　保健師・助産師・看護師・准看護師の業務

（1）保健師・助産師の業務

　保健師・助産師は看護師国家試験に加えて、それぞれ保健師国家試験・助産師国家試験に合格した者であるから、保健師や助産師は看護師の業務を行うこともできる。保健師・助産師は「看護師＋α」の資格といってもよい。

　保健師にとっての「＋α」の業務は「保健指導」であり、健康教育・指導などを通じて疾病の予防や健康増進など公衆衛生を担う看護系の専門職と位置づけられている。看護師の業務が「傷病者等」に対するものであるのに対し、保健師に特有の保健指導とは「健康人を含めたすべての人」に対して傷病の予防を目的とする活動を行うことである。病院・診療所などの医療提供施設で保健師の配置が義務づけられることはあまりないが、行政機関である保健所や企業・学校等での保健指導の場で活躍している。

　これに対して、助産師にとっての「＋α」の業務は「助産および妊婦・褥婦・新生児の保健指導」である。正常分娩なら医師の直接の指示がなくても出産に携わることができる。妊婦・褥婦・新生児に限られるが、傷病者ではない者に保健指導を行うことは保健師と同

68　医療経営士●初級テキスト3

保健師助産師看護師法 **4**

様である。助産師は、産婦人科を標榜する病院・診療所で欠かすことのできない資格者である。

(2)看護師・准看護師の業務

看護師・准看護師は、患者に対して療養上の世話および診療の補助を行う。ここで「療養上の世話」とは、患者の症状観察、環境の整備、食事の世話、着替えや排せつの介助、生活指導など療養の過程における身体・生活上の世話をいう。また「診療の補助」とは、医師の診察・治療の一部(たとえば、問診・注射・外傷の処置など)を医師の「手足」として行うことをいう。

さて、看護師と准看護師では試験の受験資格も出題内容も異なっている。しかし、法律の上の業務内容については、両者ともに患者に対して療養上の世話または診療の補助を行うことであり、違いはない。ただし、准看護師には「医師・看護師等の指示の下で」という限定句が付いているところに注目する必要がある。

もともと医師の手足として行う「診療の補助」に医師の指示があることは当然であり、そこに看護師と准看護師の違いはないはずだ。そうすると、「医師・看護師等の指示の下で」という限定句は「療養上の世話」にかかる修飾語であり、「療養上の世話」は看護師にとって主体的に判断できる業務であるが、准看護師の場合は医師・看護師の指示どおりに行わなければならない(主体的に判断してはならない)と解釈されることになる。

なお、患者等からは看護師・准看護師は明確に区別されることなく「看護師(婦)さん」などと呼ばれることが多いが、医療関連法規では両者は厳格に区別されており、「看護師」と書かれていれば准看護師を含まない。

たとえば、診療報酬制度の上で「看護師比率」という基準があるが、これは「看護職員の総数に対する看護師数の割合=看護師の数÷(看護師の数+准看護師の数)」である。病院等の職場では、看護師と准看護師を明確に区別するために看護師を「正看(セイカン)」、准看護師を「准看(ジュンカン)」と呼ぶことも多い。

(3)看護業務の原則と特定看護師制度(第37条〜第37条の2)

保健師・助産師・看護師・准看護師は、医師または歯科医師の指示がなければ、医療機器の使用、医薬品の授与、医薬品についての指示を行うことができない。これが医師と看護職員との間に線引きされる、看護業務の大原則である。

ところが、2014年の第6次医療法改正に伴う保健師助産師看護師法の改正により、特別な研修を修了した場合は、特定の行為について、医師の直接的・具体的な指示がなくても、包括的な医師の指示を受けて、手順書(マニュアル)に従って行うことができるようになった。

これを通称「特定看護師制度」という。ここで特定の行為とは、これまで人体への影響が

医療経営士●初級テキスト3 **69**

大きいため医師の直接の指示がなければ行えないとされてきた、人工呼吸器からの離脱、気管カニューレの交換、ペースメーカーの操作・管理、胃ろうカテーテルの交換、インスリン投与量の調整、持続点滴中の薬剤投与量の調整などの38行為である。これらの行為は、特別な研修を修了した看護師に限って、医師の直接的な指示がなくても「診療の補助」と認められるようになったのであり、医師の直接的な指示があれば、特別な研修を修了した者でなくてもこれらの行為を行うことができることに変わりはない。

　なお、特定看護師制度は、特別な研修を修了した者だけに特定行為を「診療の補助」と認めるものであり、保健師や助産師のような「看護師＋α」の新たな国家資格が創設されたわけではない。

5 その他の医療従事者に関する法規

1 診療放射線技師法

(1)診療放射線技師の定義(第2条)

　診療放射線技師とは、厚生労働大臣の免許を受けて、医師または歯科医師の指示の下で、放射線を人体に対して照射することを業とする者をいう。放射線とは、次のとおりである。
①アルファ線・ベータ線
②ガンマ線
③百万電子ボルト以上のエネルギーを有する電子線
④エックス線
⑤その他政令で定めるもの(陽子線・重イオン線・中性子線)
　医師・歯科医師・診療放射線技師以外は、この業務を行うことができない。

(2)照射録(第28条)

　診療放射線技師は、放射線を人体に対して照射したときは、遅滞なく照射録を作成し、医師の署名を受けなければならない。

2 臨床検査技師等に関する法律

　臨床検査技師とは、厚生労働大臣の免許を受けて、医師または歯科医師の指示の下で、下記の検査を行うことを業とする者をいう。
①微生物学的検査
②血清学的検査
③血液学的検査
④病理学的検査
⑤寄生虫学的検査
⑥生化学的検査
⑦生理学的検査(心電図検査・脳波検査・超音波検査など厚生労働大臣が定めるもの)

第3章 医療従事者に関する法規

3 理学療法士及び作業療法士法

(1)理学療法士の定義(第2条)

　理学療法士とは、厚生労働大臣の免許を受けて、医師の指示の下、理学療法を行うことを業とする者をいう。理学療法とは、身体に障害がある者に対し、その基本的動作能力の回復を図るため、①治療体操その他の運動を行わせ、②電気刺激・マッサージ・温熱その他の物理的手段を加えることをいう。

(2)作業療法士の定義(第2条)

　作業療法士とは、厚生労働大臣の免許を受けて、医師の指示の下、作業療法を行うことを業とする者をいう。作業療法とは、身体・精神に障害がある者に対し、その応用的動作能力・社会的適応能力の回復を図るため、手芸・工作その他の作業をさせることをいう。

4 栄養士法

(1)栄養士の定義(第1条)

　栄養士とは、都道府県知事の免許を受けて、栄養の指導に従事することを業とする者をいう。

(2)管理栄養士の定義(第1条)

　管理栄養士とは、厚生労働大臣の免許を受けて、①傷病者の療養に必要な栄養の指導、②個人の身体状況・栄養状態に応じた健康の保持・増進のための栄養の指導、③特定多人数に対して継続的に食事を供給する施設における給食管理・栄養指導を行うことを業とする者をいう。

5 社会福祉士及び介護福祉士法

(1)社会福祉士の定義(第2条)

　社会福祉士とは、厚生労働大臣が行う社会福祉士試験に合格し、厚生労働省令に定める社会福祉士名簿に登録して、①心身の障害等により日常生活を営むのに支障のある者の福祉に関する相談に応じ、②助言・指導、③福祉サービスを提供する者または医師その他の保健医療サービスを提供する者等との連絡調整、④その他の援助を行うことを業とする者

72　医療経営士●初級テキスト3

をいう。

　なお、病院・診療所や介護施設・介護サービス事業者などで、患者・利用者や患者家族等の相談・援助を行う相談員は社会福祉士であることもあるが、本節1〜4および7の資格とは異なり、この資格を有していない者（たとえば、相談業務の知識・経験を有する無資格者など）であっても類似の業務を行うことができる。

■ (2) 介護福祉士の定義（第2条）

　介護福祉士とは、厚生労働大臣が行う介護福祉士試験に合格し、厚生労働省令に定める介護福祉士名簿に登録して、①心身の障害等により日常生活を営むのに支障のある者に対して支援・介護を行い、②その者およびその家族等に対して介護に関する指導を行うことを業とする者をいう。

　なお、病院・診療所や介護施設・介護サービス事業者などで、患者・利用者に対して支援・介護を行う介護職員は介護福祉士であることもあるが、本節1〜4および7の資格とは異なり、この資格を有していない者（たとえば、介護職員初任者研修の修了者など）であっても類似の業務を行うことができる。

　なお、新聞やテレビなどのマスコミ報道で、しばしば「介護士」という表現を耳にすることがあるが、医療関連法規における正式な資格・職種の名称ではない。これら報道の多くでは「介護の業務に携わる人々」という意味に使われているように思われる。ところが、介護福祉士・介護職員初任者研修の修了者・その他の介護の業務に携わる人々を総称する正式名称は「介護職員」である。「介護士」という用語が、「介護福祉士」を短縮したものなのか、「看護師」と発音上の語感が似ているから誤用されるのか、その由来は筆者にはわからないが、思わぬ誤解が生じることがあるので、注意を払いたい。

6 　精神保健福祉士法

　精神保健福祉士とは、厚生労働大臣が行う精神保健福祉士試験に合格し、厚生労働省令に定める精神保健福祉士名簿に登録して、①精神障害を有する者の相談に応じ、②助言・指導、③必要な訓練その他の援助を行うことを業とする者をいう。

　なお、精神保健福祉士も、本節1〜4および7の資格とは異なり、この資格を有していない者であっても類似の業務を行うことができる。

7 　言語聴覚士法

　言語聴覚士とは、厚生労働大臣の免許を受けて、音声機能・言語機能・聴覚に障害がある者について、その機能の維持・向上を図るため、①言語訓練その他の訓練、②必要な検

第3章 医療従事者に関する法規

査、③助言・指導その他の援助を行うことを業とする者をいう。

8 公認心理師法

　公認心理師とは、厚生労働大臣が行う公認心理師試験に合格し、厚生労働省令に定める公認心理師名簿に登録して、保健医療・福祉・教育等の分野で、心理に関する支援を要する者について、①心理状態の観察・分析、②助言・指導、③関係者に対する助言・指導、④知識の普及を図るための教育・情報提供を行うことを業とするものをいう。2017年に新設された国家資格である。

　なお、公認心理師も、本節1～4および7の資格と異なり、この資格を有していない者であっても類似の業務を行うことができる。

確認問題

問題 1 医師の資格および業務について、次の選択肢のうち正しいものを1つ選べ。

[選択肢]

①医師は、1年以上の臨床研修を受けなければ診療に従事してはならない。

②医師は、患者から診療の求めがあった場合は、いかなる理由があっても拒否することができない。

③医師は、ほかの医師の診察に基づいて薬剤を処方することができる。

④医師は、診療録を最後の診療日から5年間保存しなければならない。

⑤医師は、診察室や患者宅などで患者と対面していなければ診療してはならない。

確認問題

解答1 ④

解説1

①×：診療に従事する医師は、2年以上の臨床研修を受けなければならない。

②×：医師は、患者から診療の求めがあった場合でも、「医師の専門外」や「ほかの患者への対応で手いっぱい」などの正当な理由があれば拒否することができる。

③×：医師は、自ら診察しないで治療・処方をしてはならない。

④○：選択肢のとおり。

⑤×：医師が患者または家族等から電話を受けて、必要な指示をした場合にも診療と認められてきた。また、2018年には診療報酬制度の上でも、パソコンやスマートフォンなどの通信機器等を用いた診療が認められるようになった。

確認問題

問題2 看護師・准看護師等の資格・業務および関連する事項について、次の選択肢のうち正しいものを1つ選べ。

[選択肢]

①保健師・助産師は厚生労働大臣の免許、看護師・准看護師は都道府県知事の免許である。

②保健師・助産師・看護師の3職種を併せて「看護職員」という。

③保健師・助産師・看護師・准看護師・看護補助者の5職種の総称を「看護要員」という。

④特定看護師とは、保健師・助産師などと同様に、看護師とは別の国家資格である。

⑤看護師比率とは、看護要員の総数に対する看護師数の割合のことである

確認問題

解答 解説

解答 2 ③

解説 2

①×：保健師・助産師・看護師が厚生労働大臣の免許、准看護師が都道府県知事の免許である。

②×：保健師・助産師・看護師・准看護師の４職種を併せて「看護職員」という。

③○：選択肢のとおり。

④×：特定看護師とは、特別な研修を修了した看護師に限って特定の行為を行うことができる制度であり、看護師とは別の国家資格ではない。

⑤×：看護師比率とは、看護職員の総数に対する看護師数の割合のことである。

第4章
医療保険制度に関する法規

1 医療保険制度の概要
2 健康保険法
3 国民健康保険法
4 その他の医療保険制度に関する法律
5 医療保険の「療養の給付」に関する法令
6 医療保険制度以外の医療費等の支払いに関する法規
7 介護保険法

医療保険制度の概要

1　医療保険制度とは

　わが国では、国や地方公共団体などの公的機関が中心となって、国民がその収入に応じてあらかじめ保険料を納付し、これに税などの公的資金を投入して医療費の支払いに充てる「公的医療保険制度」を古くから導入している。すべての国民が何らかの医療保険制度に加入しなければならない「国民皆保険」の体制は、1961（昭和36）年に完成された。国民皆保険制度は、すべての国民が、貧富の差なく等しく一定のレベルの医療を受けられることを目的としている。

　医療保険の運営を担う組織は、後述するとおり、さまざまなものがある。それぞれの組織の種類ごとに、法律によって、その設立や運営について厳格なルールが定められているが、すべての医療保険に共通することとして、次に挙げる事項を理解しておきたい。

(1) 医療保険制度の対象者

　医療保険の対象者は被保険者と被扶養者である。「被保険者」は保険料を納付する者であり、「被扶養者」は被保険者と同一の生計を営む家族である。現在では、被保険者本人も被扶養者も、ほぼ同じ内容の医療保険給付を受けることができる。なお、国民健康保険では世帯主・世帯員ともに被保険者であり、被扶養者という概念はない。

(2) 医療保険制度の運営者

　さまざまな医療保険の運営者を「保険者」という。保険者は、その根拠となる法律に基づいて、被保険者から保険料を徴収する権限を有し、被保険者および被扶養者に医療保険が適用される事項（保険事故）が生じた場合、その責任において補償（保険給付）を行う義務がある。また、保険者は、被保険者や被扶養者の健康増進のための事業なども行う。

(3) 医療保険が適用される事項

　医療保険における保険事故は「疾病」「負傷」「死亡」「分娩」などである。ただし、疾病・負傷であっても業務上あるいは交通事故が原因のものなどで、ほかの補償・保障制度の適用を受けるものもある。

医療保険制度の概要 **1**

また、疾病の予防、健康増進、美容のための医療や先進的な医療などは、医療保険制度の対象外で、その全額を本人が負担する(自由診療あるいは自費診療という)。

▎(4)医療保険が行う補償

疾病や負傷の際に被保険者等に代わって医療費の一部を負担し、死亡や分娩の際に被保険者等に対して一時金を支払うなどの補償を「保険給付」という。このほか、保険者が、加入者との契約に基づいて独自に実施する「付加給付」もある。

2 各種の医療保険

医療保険の運営を担う組織は、**表4-1**のとおり、さまざまな種類があり、それぞれがそれぞれの法律によって、その存立と権限・義務が規定されている。なお、全国健康保険協会管掌健康保険(通称「協会けんぽ」＝旧・政府管掌健康保険)・組合管掌健康保険・船員保険・国家公務員共済組合・地方公務員等共済組合など、企業・団体で使用される被保険者を対象とするものを「職域保険」といい、国民健康保険・後期高齢者医療制度など地域住民を対象とするものを「地域保険」という。

表4-1　**主な医療保険の種類**

医療保険（根拠法）	保険者	被保険者	主な保険給付の内容
全国健康保険協会管掌健康保険 —旧・政府管掌健康保険— (健康保険法)	全国健康保険協会	一般被用者*	①本人（被保険者）・家族（被扶養者）とも負傷・疾病の際の医療費の7割を給付 ②業務上の負傷・疾病は除外 ③死亡・出産等の際に一時金を給付
組合管掌健康保険 (健康保険法)	健康保険組合	一般被用者*	
日雇特例被保険者 (健康保険法)	全国健康保険協会	日雇労働者	
船員保険 (船員保険法)	全国健康保険協会	船　員	①同　上 ②業務上の負傷・疾病も対象とし、その場合は10割を給付 ③同　上
国家公務員共済組合 (国家公務員共済組合法)	共済組合	国家公務員	①同　上 ②業務上の負傷・疾病は除外 ③同　上
地方公務員等共済組合 (地方公務員等共済組合法)	共済組合	地方公務員等	
国民健康保険 (国民健康保険法)	都道府県および市町村(特別区)	地域住民	①同　上 ②業務上の負傷・疾病も対象とし、7割（ただし、後期高齢者は原則9割）を給付 ③条例の定めるところによる
後期高齢者医療制度 (後期高齢者医療確保法)	市町村(特別区)の広域連合	後期高齢者	

＊被用者とは、企業・団体に雇用され保険料を納付する者をいう

医療経営士●初級テキスト3　81

また、被保険者が納付する保険料や付加給付などは保険者によって異なる。たとえば、組合管掌健康保険であれば各健康保険組合が、国民健康保険でも各市町村（特別区）が、所定の計算方式に基づいて個別に保険料を設定し、規約や条例に基づいて付加給付などを決定している。

3　医療保険のしくみ

被保険者や被扶養者は、あらかじめ保険者に加入し保険料を納付することで、被保険者証（健康保険証）の交付を受ける。厚生労働大臣の指定を受けた「保険医療機関」である病院や診療所に被保険者証を提示すると、厚生労働大臣が定める「保険診療」である医療サービスを受けることができる。病院・診療所等を受診した患者（被保険者・被扶養者）は、かかった医療費の3割（後期高齢者は原則1割）を病院・診療所の会計窓口で自己負担し、残りの7割（同9割）を病院・診療所等が保険者に請求し、後日支払われる（図4-1）。

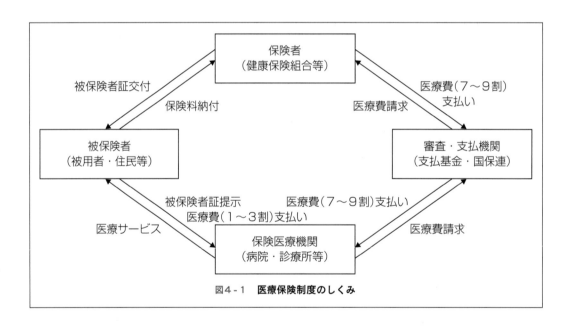

図4-1　医療保険制度のしくみ

医療保険の保険者は全国にたくさんあるため、各病院・診療所等が、それぞれの保険者に直接医療費を請求するのは煩雑であることから、各保険者に代わって医療機関からの医療費の請求を受け、その審査・支払いを代行する機関に請求することになっている。代行機関には、社会保険診療報酬支払基金（一般に「支払基金」といわれる）と国民健康保険連合会（一般に「国保連」といわれる）があり、それぞれが各都道府県に事務所を置いている。各都道府県の支払基金は全国健康保険協会管掌健康保険や組合管掌健康保険などの職域保険を、また、各都道府県の国保連は国民健康保険や後期高齢者医療制度などの地域保険を、

医療保険制度の概要 **❶**

それぞれ担当している。

4 医療保険制度の変遷

　わが国の医療保険制度は、1961年に「国民皆保険」の体制が整備されたが、その後、たびたび改正され今日に至っている。この50年の間に大きな変化が見られたのが、医療費の総額に対して医療保険がカバーする割合、すなわち保険給付率の変更である（**表4-2**）。

▌（1）医療保険給付の拡大期

　国民皆保険の体制が実現された当時、政府管掌健康保険（現在の全国健康保険協会管掌健康保険）や組合管掌健康保険など健康保険法の適用を受ける職域保険は、被保険者本人は10割給付（自己負担なし）、家族など被扶養者は5割給付（自己負担5割）であり、国民健康保険は5割給付（自己負担5割）でスタートした。その後、1960年代を通じて、国民健康保険は給付率が引き上げられ、1963（昭和38）年には7割給付（自己負担3割）となった。職域保険の被扶養者が7割給付（自己負担3割）となったのは、その10年後のことである。

　つまり、1973（昭和48）年に、被用者等の職域保険は被保険者10割給付（自己負担なし）・被扶養者7割給付（自己負担3割）、自営業者等の国民健康保険は7割給付（自己負担3割）となり、この給付率はしばらく続くことになる。また、同年には、「高額療養費制度」が創設され、職域保険の被扶養者や国民健康保険の被保険者は原則として医療費の3割を負担するものの、その額が一定限度を超えた場合には、それ以上の負担を免除されることになった。さらに、同じ年に老人福祉法の改正を受けて、70歳以上の高齢者の医療費が無料化された。

　こうした60年代から70年代半ばまでの時代を「医療保険給付の拡大期」と位置づけることができる。

▌（2）医療保険給付の転換点

　医療保険給付の拡大路線が終止符を打つのは1980年代である。それは、医療法が初めて大きく改正（第1次医療法改正）されて、病院などの病床の総量規制が始まったのとほぼ同時期である。このような政策転換は、いわゆる「薬漬け」「検査漬け」といわれた病院・診療所等の過剰診療や、「病院が高齢者のサロンと化している」といった社会現象に対する批判に応え、医療費の抑制を図ることを目的とするものであった。

　1984（昭和59）年に健康保険法が改正され、それまで20余年にわたって10割給付（自己負担なし）だった職域保険の被保険者は9割給付（自己負担1割）となった。その1年前の1983（昭和58）年には老人保健法が施行され、70歳以上の高齢者を既存の医療保険制度か

医療経営士●初級テキスト3 | 83

ら独立させるとともに、高齢者の医療費無料制度が廃止された。これに代わって導入されたのが、通院1か月400円、入院1日300円という高齢者医療費の定額制である。

その後、健康保険法は大きく2度改正され、1997(平成9)年には被保険者が8割給付(自己負担2割)、2002(平成14)年には7割給付(自己負担3割)となった。つまり、すべての医療保険の被保険者および被扶養者が原則7割給付(自己負担3割)に統一されたのである。また、同時に高齢者の定額負担制度も廃止され、70歳以上の高齢者は原則1割負担となった。そして、それは2008(平成20)年の後期高齢者医療制度の創設につながっていく。

1980年代半ばに始まり今日に至る「医療保険給付の収縮期」は、今後も続くと思われる。

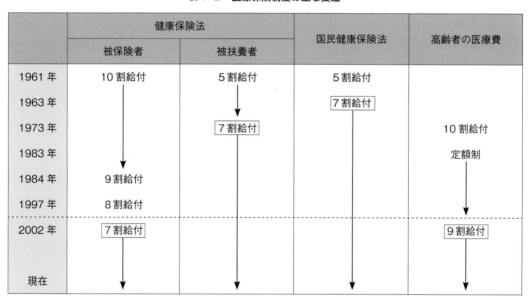

表4-2　医療保険制度の主な変遷

5　保険診療と自由診療

すでに述べたとおり、医療保険制度が対象とするのは「疾病」「負傷」などであり、医療保険制度の対象となるものを「保険診療」という。これに対して、疾病の予防、健康増進、美容のための医療や先進的な医療などは医療保険制度の対象外であり、病院・診療所等に支払う医療費の全額が患者の負担となる。

(1)自由診療

医療保険の給付を受けず、医療費の全額が患者の自己負担となる医療サービスを「自由診療」あるいは「自費診療」という。「自由診療」とは、病院・診療所の側から見てその費用

医療保険制度の概要 ❶

の設定が「自由」であることから、また、「自費診療」とは、患者側にとってその費用支払い
が全額「自費」であることから名付けられており、まったく同じことを指している。自由診
療の主なものは、次のとおりである。

①疾病予防のための医療サービス

(例)予防接種・健康診査(いわゆる人間ドックなどを含む)など

なお、医療保険の保険者や地方公共団体等が、被保険者・非扶養者や住民に対して、医
療保険の付加給付または住民サービスとして、その費用の一部を負担することも多い。

②健康増進のための医療サービス

(例)スポーツ施設・温泉施設等での医師等の相談・助言など

③美容のための医療サービス

(例)美容整形手術や美容目的の皮膚科・歯科の治療など

ただし、美容整形手術と同じように人体の容姿を整えることを目的とする手術であって
も、たとえば、火傷や手術の跡を目立たないようにする形成外科手術で保険診療として認
められているものもある。

④保険適用されていない治療・医薬品

(例)治療効果が十分に確認されていない、先進的な医療などで費用がかかり過ぎる等の
理由で保険適用されていない治療や医薬品など

⑤診療そのものではなく診療に付随する特別なサービス

(例)個室などに入院した際の差額ベッド代、診察の予約料など

(2)混合診療の禁止

保険診療と自由診療を併用することを「混合診療」という。その場合、保険診療の部分は
医療保険制度がまかない(患者は1〜3割のみ負担し)、自由診療の部分を患者が全額負担
することになるかというと、そうではない。混合診療は原則として禁止されており、保険
診療の部分も患者本人が全額負担することになる。

混合診療の禁止については、法令の解釈の上で争いがあるが(現在の日本の医療関連法
規は混合診療を禁止していないという主張が一部にある)、一般には、①医療の安全性や
有効性を確保し、②すべての国民が等しく一定レベルの医療を受けられるようにするため
に必要である、と考えられており、厚生労働省は一貫して混合診療原則禁止の方針を取っ
ている。これに違反した病院・診療所等が、健康保険法その他の法令に基づいて処分・罰
則を受ける例もしばしば見られる。

(3)混合診療禁止の例外としての保険外併用療養費

ところが、健康保険法は、混合診療禁止の例外として「保険外併用療養費」という制度を
設けている。厚生労働大臣が定める一定の自由診療に限定して、保険診療と併用すること

医療経営士 ●初級テキスト3 | 85

第4章　医療保険制度に関する法規

を認めるもので、次の3つがある。

①評価療養

　高度先進医療などで将来の保険給付の可否を評価する必要があるもの

②患者申出療養

　高度先進医療などで将来の保険給付の可否を評価する必要があるもので、患者の申し出に基づくもの

③選定療養

　特別な病室など患者の選定による、将来も保険給付の予定がないもの

　そもそも、混合診療の禁止は、医療の安全性・有効性と平等性を確保することを目的としており、保険外併用療養費は、その目的に反しない範囲で認められているといえる。保険外併用療養では、上記の評価療養・患者申出療養・選定療養の部分は患者が全額負担し、ほかの保険診療の部分は保険給付の対象となって患者負担は1〜3割となる。

6　持続可能な医療保険制度の構築に向けて

　2015年5月「持続可能な医療保険制度を構築するための国民健康保険法等の一部を改正する法律」が成立した。

　改正の趣旨は、ますます加速する少子高齢社会において持続可能な医療保険制度を運営するために、医療保険の財政基盤の安定化、保険料負担の公平性の確保、保険給付の対象となる療養の範囲の適正化の措置などを講ずることである。同時に、患者の申し出に基づき厚生労働大臣が定める高度の医療技術を用いた療養（患者申出療養）を保険外併用療養費の支給の対象とした。主な内容は次のとおりである。

▌（1）国民健康保険の安定化

　国民健康保険の安定的な運営のために財政支援を拡充し、財政基盤を強化する。具体的には、2017（平成29）年度から毎年3,400億円を国民健康保険に投入し、2018（平成30）年度には運営主体を市町村から都道府県に移管する。都道府県は市町村とともに国民健康保険の運営を担い、国民健康保険の財政の責任主体として、安定的な財政や効率的な事業の確保などにおいて中心的な役割を担う。

▌（2）後期高齢者支援金の適正化

　後期高齢者医療制度の財源のうち国民健康保険や健康保険組合から拠出される「後期高齢者支援金」について、被保険者の負担を適正化する。

(3) 負担の公平化

①入院時食事療養費について、在宅療養との公平等を図る観点から、食材費相当額に加え、調理費相当額が含まれるよう段階的に引上げる。

②外来診療の機能分化を進める観点から、紹介状なしで大病院（特定機能病院および500床以上［2018年4月より400床以上へ範囲を拡大］の病院）を受診する患者に対して、選定療養として定額負担制を導入する。

(4) その他

①全国健康保険協会管掌健康保険（協会けんぽ）に対する国庫補助率を定め、安定化を図る。

②医療費適正化の取り組みを実効的に推進するため、医療費適正化計画において、医療に要する費用についての目標を定める。また、その進捗状況を公表し、目標と実績に差がある場合には要因を分析し、必要な対策を講ずる。

③困難な病気と闘う患者からの申し出に基づいて、安全性・有効性を確認しつつ、高度な医療技術を用いた医療を保険診療と併用できるよう、新たな保険外併用療養費制度として患者申出療養を創設する。

第4章　医療保険制度に関する法規

2 健康保険法

1 健康保険法の構成と内容

　健康保険法は、被用者や家族の業務外の疾病や負傷、出産、死亡に対して保険給付を行うことによって、国民の生活の安定と福祉の向上に寄与することを目的としている。医療保険制度の根幹をなすものであり、その構成と内容は次のとおりである(表4-3)。

①第1章　総　則

　健康保険法の目的や理念、用語の定義などを規定している。

②第2章　保険者

　健康保険の保険者が全国健康保険協会と健康保険組合であることを定めており、それぞれの保険者が対象とする被保険者等の範囲を定めている。また、保険者の設立・運営・行政による監督等についても定めている。

③第3章　被保険者

　被保険者としての資格の取得・喪失や届出、保険料算定などの基礎となる標準報酬月額や標準賞与額について定めている。

④第4章　保険給付

　医療保険制度の目的である保険給付の種類について定めており、その中心である療養の給付(疾病や負傷の際に病院・診療所等で受ける医療サービス)のほか、各種の給付に関する定義や基本的なルールを規定している。

⑤第5章　日雇特例被保険者に関する特例

　日雇特例被保険者の標準賃金日額や保険給付の内容などを定めている。

⑥第6章　保健事業及び福祉事業

　保険給付のほかに、保険者が行う被保険者の健康の維持・増進を目的とする保健事業や被保険者に対する医療費の貸付け等の福祉事業を定めている。

⑦第7章　費用の負担

　健康保険への国庫負担金や国庫補助、被保険者やその事業主から徴収する保険料などについて定めている。

⑧第8章　健康保険組合連合会

　全国の健康保険組合の活動を支え、機能の充実を図ることを目的とする健康保険組合連

合会について、その設立・運営に関する規定をしている。

⑨第9章　不服申立て

　保険給付や保険料徴収について被保険者に不服があるときの申立てについて定めている。

⑩第10章　雑　則

⑪第11章　罰　則

表4-3　健康保険法の構成

第1章　総　則	第1条～第3条
第2章　保険者	
第1節　通　則	第4条～第7条
第2節　全国健康保険協会	第7条の2～第7条の42
第3節　健康保険組合	第8条～第30条
第3章　被保険者	
第1節　資　格	第31条～第39条
第2節　標準報酬月額及び標準賞与額	第40条～第47条
第3節　届出等	第48条～第51条の2
第4章　保険給付	
第1節　通　則	第52条～第62条
第2節　療養の給付及び入院時食事療養費等の支給	第63条～第98条
第3節　傷病手当金、埋葬料、出産育児一時金及び出産手当金の支給	第99条～第109条
第4節　家族療養費、家族訪問看護療養費、家族移送費、家族埋葬料及び家族出産育児一時金の支給	第110条～第114条
第5節　高額療養費及び高額介護合算療養費の支給	第115条～第115条の2
第6節　保険給付の制限	第116条～第122条
第5章　日雇特例被保険者に関する特例	
第1節　日雇特例被保険者の保険の保険者	第123条
第2節　標準賃金日額等	第124条～第126条
第3節　日雇特例被保険者に係る保険給付	第127条～第149条
第6章　保健事業及び福祉事業	第150条
第7章　費用の負担	第151条～第183条
第8章　健康保険組合連合会	第184条～第188条
第9章　不服申立て	第189条～第192条
第10章　雑　則	第193条～第207条
第11章　罰　則	第207条の2～第222条
附　則	

第4章　医療保険制度に関する法規

2　総　則──健康保険の目的と用語の定義

（1）健康保険法の目的と基本的理念（第1条・第2条）

　この法律は、被用者の業務外の疾病や負傷、死亡、出産に関して保険給付を行い、同時に、その被扶養者にも同様の保険給付を行うことにより、国民の生活の安定と福祉の向上に寄与することを目的としている。なお、被用者の業務上の疾病や負傷は、医療保険制度外の労働災害補償の対象である。

　健康保険は医療保険制度の基本であるから、高齢化の進展、疾病構造の変化、社会経済情勢の変化等に対応して、医療保険運営の効率化や給付内容・費用負担の適正化、医療の質の向上を図りつつ実施するとしている。

（2）用語の定義（第3条）

　健康保険の「被保険者」とは、臨時または短期に使用される者を除き、適用事業所に使用される者をいう。「被扶養者」とは、主として被保険者の収入で生計を営む被保険者の直系尊属（親・祖父母等）、配偶者、子、孫、兄弟姉妹など（一般に扶養家族と呼ばれる）で、後期高齢者でない者をいう。後期高齢者は別の医療保険制度の対象となる。

　なお、「適用事業所」とは、常時5人以上の従業員を使用する事業所をいう。適用事業所は、全国健康保険協会管掌健康保険または組合管掌健康保険のいずれかに加入し、被保険者となる被用者を健康保険に加入させなければならない。

3　健康保険の保険者

健康保険の保険者は全国健康保険協会と健康保険組合の2種類がある。

（1）全国健康保険協会（第4条～第5条・第7条の2）

　全国健康保険協会は、健康保険組合の組合員でない被保険者についての健康保険事業を行う。最近までは「政府」が管掌し、社会保険庁長官が運営を行うとされていたが（旧・政府管掌健康保険）、2008（平成20）年の社会保険庁解体に伴い、同協会にその運営が移管された。

（2）健康保険組合（第4条・第6条・第8条・第11条）

　健康保険組合は、適用事業所の事業主とそこに使用される被保険者で組織する。企業や企業グループなどが組織し、「A株式会社健康保険組合」等の名称のものが多いが、母体のA株式会社とは別の法人で、運営や会計もまったく独立している。政令により、常時

健康保険法 ❷

700人以上を使用する事業者が設立することができる。また、事業主が共同して組合を設立することもできるが、この場合は常時3,000人以上でなければならない。

4 健康保険の被保険者

健康保険の被保険者は、適用事業所に使用される者である。

(1)資格取得の時期(第35条)

被保険者は、適用事業所に使用された日、または使用される事業所が適用事業所となった日に被保険者の資格を取得する。これまで学生であった者が卒業して企業に就職した場合、以前の「被扶養者」から新たに1人の「被保険者」となる。

(2)資格喪失の時期(第36条〜第37条)

被保険者は、退職や死亡、使用される事業所が適合事業所でなくなった日の翌日に被保険者の資格を喪失する。被保険者が退職した直後に別の企業などに就職していれば、次の就職先が加入している全国健康保険協会または健康保険組合の被保険者となり、新たに被保険者としての地位を取得する(健康保険証は新たに発行される)。

それでは、定年退職などで、しばらく次の就職先がない場合はどうなるのか。大きく3つの方法がある。第1は、健康保険の任意継続制度を利用して退職後も被保険者の地位だけを残しておく方法だ。被保険者本人の申し出により、一定の要件に該当すれば、一定の保険料を支払い続けることによって、従来の保険給付を受け続けることができる。第2の方法は、新たに国民健康保険への加入である。国民健康保険は、被用者ではない地域住民を対象とする医療保険であるから、無職の者であっても加入することができる。第3に、配偶者や子、その他の家族がほかの健康保険の被保険者である場合、その者の非扶養者として保険給付を受けるという道もある。

病院・診療所等の事務部門の重要な役割の1つは医療費の保険請求であるが、健康保険の被保険者や被扶養者の資格の取得・喪失を失念して従来どおりの請求をした場合に医療費は支払われない。常に最新の健康保険証を確認することは常識であるが、その保険証の資格が喪失していないか、ということにも注意を払う必要がある。

特に、転職者の多い年度代わり(3月〜4月)や年末年始は注意が必要である。また、定年退職の可能性が高い満60歳以上の者(わが国では60歳〜65歳定年が圧倒的に多い)については、その者の誕生月前後や年度末(3月末)などに資格得失の入念なチェックを怠らないようにしたい。

医療経営士●初級テキスト3 91

第4章　医療保険制度に関する法規

（3）標準報酬月額と保険料（第40条・第41条）

　被保険者が支払う保険料や、受け取る保険給付の額を計算する基礎となる月額の収入を「標準報酬月額」といい、健康保険法は「第1級　58,000円」から「第50級　1,355,000円以上」までの等級を設定している。

　標準報酬月額は毎年4月から6月の3か月間の平均で決定し、これをその年の9月から翌年8月までの標準報酬月額とする。たとえば、平均295,000円の被保険者であれば「第22級　標準報酬月額300,000円　報酬月額290,000円以上310,000円未満」に該当する。

（4）届出（第48条・第51条）

　適用事業所の事業主は、被保険者の資格得喪や報酬月額について、保険者に届け出なければならない。また、被保険者は、本人の資格について、いつでもその確認を行うことができる。

（5）保険料（第156条・第160条・第161条）

　健康保険組合の被保険者の保険料は、上記の標準報酬月額に一定の保険料率を乗じて計算する。全国健康保険協会の被保険者の保険料は、標準報酬月額の3〜13％の範囲内で、都道府県単位で協会が決定する。

　被保険者の保険料については、その額の2分の1を被保険者本人が、残り2分の1を事業主が負担する。ただし、退職後の任意継続被保険者はその全額を負担する。いずれの場合も、健康保険組合の場合は、規約により事業主の負担を増加することができる。

5　保険給付

　健康保険の給付には、医療サービスそのものを給付する「療養の給付」と、傷病手当金、出産手当金、出産育児一時金など所得の保障を目的とする「現金給付」がある。患者が病院・診療所等で費用の全額を支払うことなく医療サービスを受け、保険者が医療機関に費用を支払うしくみの療養の給付は、「現金給付」に対して「現物給付」といわれる。

（1）保険給付の種類（第52条〜第53条）

　保険給付の種類は次のとおりである。
①療養の給付・入院時食事療養費・入院時生活療養費・保険外併用療養費・療養費・訪問看護療養費・移送費
②傷病手当金
③埋葬料

④出産育児一時金

⑤出産手当金

⑥家族療養費・家族訪問看護療養費・家族移送費

⑦家族埋葬料

⑧家族出産育児一時金

⑨高額療養費・高額介護合算療養費

　上記のうち、「療養費」を除く①は現物給付で、①の「療養費」および②～⑨は現金給付である。なお、健康保健組合は、規約によりほかの給付を行うことができる。

（2）療養の給付（第63条）

　被保険者は、疾病または負傷の際に、①診察、②薬剤や治療材料の支給、③処置・手術、その他の治療、④療養上の管理・療養に伴う世話、その他の看護、⑤入院・入院時の療養に伴う世話といった療養上の給付を現物給付として受けることができる。つまり、病院・診療所等で提供される一般の医療サービスや薬局で調剤される薬剤が、一部の自己負担（現在は原則３割）だけで保険給付される。残り７割分の医療費はのちに、医療サービスを提供した医療機関に保険者から支払われる。

（3）入院時食事療養費・入院時生活療養費（第85条・第85条の2）

　「入院時食事療養費」とは入院期間中の食事の費用のことであり、「入院時生活療養費」とは特定の長期入院患者が療養病床に入院した場合の食事および光熱水費等の費用をいう。その費用の額は、在宅で療養する患者との公平性の観点から、患者の自己負担額を含め、厚生労働大臣が定めることになっている。

（4）保険外併用療養費（第86条）

　「保険外併用療養費」とは、特定の保険外診療を受けた場合でも、保険診療の部分についてのみ保険給付を行うことをいう。医療保険制度は、医療の安全性や有効性を確保し、すべての国民が平等に一定レベルの医療を受けられるようにするために、保険診療と自由診療を併用する混合診療を原則として禁止している。その例外として、下記に掲げた厚生労働大臣の定める「評価療養」「患者申出療養」「選定療養」については医療の安全性・有効性や平等性を損なうおそれが少ないという理由から、これら自体の費用は患者の全額負担となるものの、これと併せて提供される保険診療の部分は「保険外併用療養費」として保険から支払われることを認めているのである。

①評価療養

　将来の保険給付の対象とすべきものであるか否かについて、適正な医療の効率的な提供を図る観点から評価を行うことが必要とされるもの

- 先進医療
- 医薬品の治験に係る診療
- 医療機器の治験に係る診療
- 医薬品等に関する法律に基づく承認後で保険収載前の医薬品の使用
- 同承認後で保険収載前の医療機器の使用
- 適応外の医薬品の使用
- 適応外の医療機器の使用

②**患者申出療養**

　評価療養と同様に、将来の保険給付の対象とすべきか否かを評価する先進医療等で、患者が臨床研究中核病院に相談し、国に対して申し出たものについて、審議の上、実施が認められるもの

③**選定療養**

　特別の病室の提供など被保険者の選定による、将来も保険給付の予定がないもの

- 特別の療養環境(差額ベッド)
- 歯科の金合金等
- 金属床総義歯
- 予約診療
- 時間外診療
- 大病院の初診(紹介状なし)
- 小児う蝕の指導管理
- 大病院の再診
- 180日以上の入院
- 制限回数を超える医療行為

(5)療養費(第87条)

　「療養費」とは、旅行中に急病になり健康保険証を提示できなかったときなど、通常の療養の給付を受けることができなかった場合に、いったん被保険者が費用の全額を医療機関に支払い、のちに保険者に請求して保険給付分を現金還付されることをいう。

(6)訪問看護療養費(第88条)

　居宅で継続的に療養を受けている被保険者が訪問看護のサービスを受けた場合にも、療養の給付と同様の保険給付を受けることができる。

(7)移送費(第97条)

　「移送費」とは、被保険者が療養の給付を受けるために病院や診療所に移送されたときの

費用であり、保険者が必要と認めたものをいう。移送を必要とする症状やその他の必要性が支給条件となっているので、単に通院のために交通機関を利用する場合などは支給の対象とはならない。

(8) 傷病手当金(第99条)

被保険者が、疾病や負傷により労働できなくなった場合の生活補償を目的としており、4日以上の労務不能の際に4日目以降から労務できなかった期間について標準報酬日額の3分の2に相当する金額が現金給付される。

(9) 埋葬料(第100条)

被保険者が死亡したときは、その家族に政令で定める金額が「埋葬料」として支給される。現在は5万円と定められている。

(10) 出産育児一時金・出産手当金(第101条・第102条)

「出産育児一時金」とは被保険者が分娩をしたときに支給される金額で、政令により現在は1分娩につき42万円と定められており、死産や流産の場合にも支給される。また、双生児の場合は2人分が支給される。

「出産手当金」とは被保険者が出産のために労務できなかった場合の生活補償を目的とする給付で、傷病手当金と同様に、分娩前後の労務不能期間について標準報酬日額の3分の2に相当する金額が現金給付される。

(11) 被扶養者に対する保険給付(第110条～第114条)

家族療養費・家族訪問看護療養費・家族移送費・家族埋葬料・家族出産育児一時金とは、被扶養者に保険給付をされるものである。保険者が被扶養者に直接保険給付するのではなく、被保険者に対して家族の療養費などを給付する、というしくみになっている。

被扶養者についての「家族療養費」は被保険者の「療養の給付」に相当し、その他も、それぞれ「訪問看護療養費」「移送費」「埋葬料」「出産育児一時金」に相当する。「入院時食事療養費」「入院時生活療養費」「保険外併用療養費」に相当するものも、「家族療養費」のなかに規定されている。その結果、労務できないことを補償する「傷病手当金」と「出産手当金」を除いて、被扶養者も被保険者と同様の給付を受けることができる。

(12) 高額療養費・高額介護合算療養費(第115条・第115条の2)

療養の給付は、その費用の3割を被保険者が自己負担するのが原則であるが、負担額が一定の金額(自己負担限度額)を超えた場合に、その超過した額を免除することをいう。自己負担限度額は年齢(70歳以上／69歳以下)や所得に応じて異なる。たとえば、69歳以下

医療経営士●初級テキスト3　95

第4章 医療保険制度に関する法規

では5つの区分があり、標準報酬月額280,000〜500,000円の場合、1月当たり「80,100円＋（総医療費−267,000円）×1％」となっており、上位所得者はこれよりも高く、低所得者は低く設定されている。また、介護保険制度の定める介護サービスを受けているときに、その1割負担分と合算して一定の負担限度額を超えた額を免除する場合、これを「高額介護合算療養費」という。

高額療養費は、いったん3割の自己負担額を支払った上で、のちに保険者に請求して自己負担限度額を超過した額が現金還付されるものであるが、事前に保険者に申請して「限度額適用認定証」を入手し、これを病院等に提示して、自己負担限度額のみを支払うという方法もある。

6 保険給付を行うことができる医療機関等

▌（1）保険医療機関・保険薬局（第63条・第65条）

健康保険法の「療養の給付」を提供する病院・診療所・薬局は、あらかじめ厚生労働大臣に申請して、「保険医療機関」や「保険薬局」としての指定を受けておかなければならない。

なお、患者は保険医療機関・保険薬局であれば、どこを選んでもよい。これを医療のフリーアクセスという。

▌（2）保険医・保険薬剤師（第64条）

また、これとは別に、保険医療機関や保険薬局で保険診療・保険調剤に従事する医師・歯科医師・薬剤師も、あらかじめ厚生労働大臣に申請し、「保険医」または「保険薬剤師」として登録しておかなければならない。

これら保険医療機関や保険薬局の指定、保険医や保険薬剤師の登録にあたっては、その地域を所轄する「地方厚生局」（厚生労働省の地方支分部局）に所定の申請書を提出する。以前は、各都道府県に置かれていた地方社会保険事務局がその事務を行っていたが、2008年の社会保険庁の廃止決定によって地方厚生局に移管された。

96 医療経営士●初級テキスト3

健康保険法 ❷

column⑧ 病院・診療所等の開設と2つの手続き・行政監督

　新たに病院・診療所や薬局を開設する際には2つの行政手続きが必要である。1つは医療法に基づく開設の許可・届出で、所轄の保健所を通じて都道府県知事に対して行う。このことによって、「医療」を提供すること自体が認められる。もう1つが本項で説明した、地方厚生局を通じた厚生労働大臣による保険医療機関・保険薬局の指定であり、この手続きにより、そこで提供される医療サービスが「保険給付」の対象となるのである。

　つまり、多くの医療機関は保険診療を行うので、開業や変更の際には、これら2つの手続きを同時併行で進めることになる。これに対して、美容整形や美容目的の皮膚科・歯科、不妊治療を専門に行うなど、保険診療をまったく行わない医療機関には保険医療機関の指定は不要である。それでも「医療」を提供するものであるから、1つ目の都道府県知事に対する開設許可・届出の手続きはしなければならない。

　これに伴って、病院・診療所や薬局は、常時、2つの行政監督を受けることになる。1つは、医療法に基づく保健所による監督で、主として医療法が規定する医療情報や医療安全確保、施設設備の状況などがチェックされる。もう1つは、健康保険法に基づく地方厚生局による監督で、主として健康保険法が規定する療養の給付その他の保険給付について、診療報酬を請求する要件である人員・設備・運営の状況や診療報酬請求が適正に行われているかなどについてチェックされる。「医療法＝保健所」・「健康保険法＝地方厚生局」と記憶に留めておきたい。

　病院・診療所等が医療法に違反する行為をした場合は、医療法の規定により処分・罰則を受けることになり、悪質なケースでは開設許可・届出が取り消されることもある。また、健康保険法に違反する行為を行った場合は、健康保険法の規定により処分・罰則を受け、保険医療機関または保険医の指定・登録が取り消されることもある。

医療経営士●初級テキスト3　97

第4章　医療保険制度に関する法規

③　国民健康保険法

1　国民健康保険法の構成と内容

　国民健康保険法は、健康保険法とともに、わが国の医療保険制度を支える大きな2本柱の1つである。事業所などで使用される被用者や公務員など以外の地域住民を対象としている。その構成と内容は次のとおりである（表4‑4）。

①第1章　総　則
②第2章　都道府県及び市町村
③第3章　国民健康保険組合
④第4章　保険給付
⑤第5章　費用の負担
⑥第6章　保健事業
⑦第6章の2　国民健康保険運営方針等
⑧第7章　国民健康保険団体連合会
⑨第8章　診療報酬審査委員会
⑩第9章　審査請求
⑪第9章の2　保健事業等に関する援助等
⑫第10章　監　督
⑬第11章　雑　則
⑭第12章　罰　則

　各章のうち、「第2章　都道府県及び市町村」は、都道府県住民を国民健康保険の被保険者とするという内容で、健康保険法の「第3章　被保険者」にほぼ相当する。また、「第4章　保険給付」「第5章　費用の負担」「第6章　保健事業」などは、健康保険法のそれぞれ同名の章に定められている事項に該当する内容が規定されている。

　健康保険法との大きな違いは、「第3章　国民健康保険組合」や「第8章　診療報酬審査委員会」などであるが、これらについては病院や診療所の経営管理に必要な最低限の事項についてのみ解説することにしたい。

98　医療経営士●初級テキスト3

表4-4　国民健康保険法の構成

第1章　総　則	第1条～第4条
第2章　都道府県及び市町村	第5条～第12条
第3章　国民健康保険組合	
第1節　通　則	第13条～第22条
第2節　管　理	第23条～第31条
第3節　解散及び合併	第32条～第34条
第4節　雑　則	第35条
第4章　保険給付	
第1節　療養の給付等	第36条～第57条の3
第2節　その他の給付	第58条
第3節　保険給付の制限	第59条～第63条の2
第4節　雑　則	第64条～第68条
第5章　費用の負担	第69条～第81条の3
第6章　保健事業	第82条
第6章の2　国民健康保険運営方針等	第82条の2～第82条の3
第7章　国民健康保険団体連合会	第83条～第86条
第8章　診療報酬審査委員会	第87条～第90条
第9章　審査請求	第91条～第103条
第9章の2　保健事業等に関する援助等	第104条～第105条
第10章　監　督	第106条～第109条
第11章　雑　則	第110条～第120条
第12章　罰　則	第120条の2～第128条
附　則	

2　国民健康保険の保険者と被保険者

（1）保険者（第3条～第4条）

　国民健康保険の保険者は、都道府県と市町村（特別区＝東京23区を含む）が共同して行う。また、国民健康保険組合も保険者となることができる。

　従来、国民健康保険の保険者は市町村（特別区を含む）であり、各市町村が独立して国民

健康保険を運営するのが原則であった。それが、2015（平成27）年の健康保険法改正によって「都道府県は（中略）市町村とともに（中略）国民健康保険を行うものとする」と改正され、2018（平成30）年4月から都道府県と市町村が共同して国民健康保険の保険者となった。市町村はこれまでどおり各市町村の住民から保険料を徴収し、保険給付を行う。一方、都道府県は各市町村が徴収した保険料の一部を納付金として受け取り、これに国庫負担金などの公費を併せたものを各市町村に交付して再分配するなどの財政運営を担う。いわば「財布が大きくなった」のであり、国民健康保険財政の安定や効率的な運営などを目的としている。

　なお、国民健康保険組合とは、たとえば建設業や運輸業などのように同じ業種の事業に従事する者で、その市町村内に居住する者を組合員として組織するもので、国民健康保険法第13条〜第35条にその組織や運営について定められている。

（2）被保険者（第5条〜第6条）

　国民健康保険の被保険者は、都道府県に居住する者で、健康保険・船員保険・国家公務員共済組合・地方公務員等共済組合などほかの医療保険に加入していない者である。なお、健康保険には被保険者と被扶養者があったが、国民健康保険では世帯主も世帯員も被保険者であり、被扶養者という扱いはない。

（3）資格取得の時期（第7条）

　被保険者は、その都道府県に居住した日または健康保険などほかの医療保険の被保険者の資格を失った日に被保険者の資格を取得する。

（4）資格喪失の時期（第8条）

　被保険者は、その都道府県から転居した日の翌日または健康保険などほかの医療保険の被保険者の資格を取得した日の翌日に資格を喪失する。

（5）届出（第9条）

　被保険者の世帯の世帯主は、被保険者の資格得喪について市町村に届け出なければならない。この届出義務は、健康保険では事業所の事業主に課せられていたが、国民健康保険では世帯主の義務とされている。

（6）保険料（第76条）

　国民健康保険の保険料は市町村が徴収する。保険料の額は都道府県が設定する標準的な算定方式に基づいて市町村ごとに定められる。通常は、加入世帯ごとに世帯の所得や世帯員の数などに応じて計算される。

3　保険給付

(1)保険給付の種類(第36条〜第58条)

①療養の給付(第36条)
②入院時食事療養費(第52条)
③入院時生活療養費(第52条の2)
④保険外併用療養費(第53条)
⑤療養費(第54条)
⑥訪問看護療養費(第54条の2)
⑦移送費(第54条の4)
⑧高額療養費(第57条の2)
⑨高額介護合算療養費(第57条の3)

　上記の療養の給付やそれに付随する各給付については、健康保険法に定める健康保険の給付とほぼ同一の内容となっている。

　健康保険との違いは「家族療養費」「家族訪問看護療養費」「家族移送費」がないことである。これは国民健康保険に被扶養者という扱いがないからである。また、健康保険で「労働できなくなった場合の生活補償」としての意味を持つ「傷病手当金」や「出産手当金」については、国民健康保険は被用者を対象とするものではないことから、保険給付の対象外としている。

⑩出産・死亡に際しての一時金(第58条)

　「出産育児一時金」や「埋葬料」などの出産・死亡に際して支給される一時金については、条例または規約の定めるところにより行う、と定められている。

(2)保険給付を行うことができる医療機関等

　国民健康保険の被保険者が療養の給付を受けることができる「保険医療機関」または「保険薬局」は、健康保険の場合とまったく同じである。「保険医」や「保険薬剤師」の登録も何ら違いはない。

その他の医療保険制度に関する法律

1　船員保険法

　船員保険は、船員(被扶養者含む)という特殊な被用者を対象として、疾病・負傷・出産・死亡のほか、失業や行方不明、業務上の災害について保険給付を行うものである。
　つまり、健康保険と異なり、業務上の疾病・負傷も保険給付の対象となっている。このほか、失業給付や傷害給付、行方不明手当金などの給付も受けられる。

2　国家公務員共済組合法・地方公務員等共済組合法

　国家公務員などの公務員は、健康保険ではなく、共済組合に加入する。共済組合とは、ほかの被用者の健康保険と厚生年金を合わせたような内容を持つものである。このうち、ほかの健康保険に相当する部分については、健康保険とほぼ同じ内容となっている。

3　高齢者医療確保法

　法律の正式名称は「高齢者の医療の確保に関する法律」(表4-5)という。

(1) 保険者及び被保険者(第48条・第50条)

　保険者は、都道府県単位で組織される市町村の広域連合である。都道府県そのものではなく、都道府県内のすべての市町村が共同して行う保険事業と考えればよい。被保険者は75歳以上の者である。ほかの医療保険の加入者は75歳に達した日に後期高齢者医療制度に加入し、従来加入していた医療保険の資格を喪失する。

(2) 保健事業(第18条～第31条)

　保健事業は大きな柱の1つであり、75歳未満の国民に対して特定健康診査や特定保健指導を行い、75歳以上には健康教育や健康相談、健康診断を行うとされている(表4-6)。

（3）医療の給付（第56条〜第92条）

　保険給付される医療サービスの内容は、ほかの医療保険制度とほぼ変わらない。一部負担金は原則1割であるが、現役並み所得者は3割負担となる。高額療養費制度もある（表4-6）。

表4-5　高齢者医療確保法の構成

第1章　総　則	第1条〜第7条
第2章　医療費適正化の推進	
第1節　医療費適正化計画等	第8条〜第17条
第2節　特定健康診査等基本指針等	第18条〜第31条
第3章　前期高齢者に係る保険者間の費用負担の調整	第32条〜第46条
第4章　後期高齢者医療制度	
第1節　総　則	第47条〜第49条
第2節　被保険者	第50条〜第55条の2
第3節　後期高齢者医療給付	第56条〜第92条
第4節　費用等	第93条〜第124条
第5節　保健事業	第125条
第6節　後期高齢者医療診療報酬審査委員会	第126条〜第127条
第7節　審査請求	第128条〜第130条
第8節　保健事業等に関する援助等	第131条〜第132条
第9節　雑　則	第133条〜第138条
第5章　社会保険診療報酬支払基金の高齢者医療制度関係業務	第139条〜第154条
第6章　国民健康保険団体連合会の高齢者医療関係業務	第155条〜第157条
第7章　雑　則	第158条〜第166条
第8章　罰　則	第167条〜第171条
附　則	

第4章　医療保険制度に関する法規

表4-6　後期高齢者に対する保健事業と医療給付

項　目		内　容	規　定
保健事業	健康教育	心身の健康に関する知識を普及するための指導・教育	第125条
	健康相談	心身の健康に関する相談に応じて行われる指導・教育	第125条
	健康診査	心身の健康を保持するための健康診査と健康指導	第125条
医療給付	療養の給付	健康保険法・国民健康保険法の給付内容とほぼ同一	第64条
	入院時食事療養費		第74条
	入院時生活療養費		第75条
	保険外併用療養費		第76条
	療養費		第77条
	訪問看護療養費		第78条
	移送費		第83条
	高額療養費		第84条
	高額介護合算療養費		第85条

その他の医療保険制度に関する法律 ❹／医療保険の「療養の給付」に関する法令 ❺

⑤ 医療保険の「療養の給付」に関する法令

1 療養担当規則

　健康保険法では第70条に「保険医療機関又は保険薬局は（中略）厚生労働省令で定めるところにより、療養の給付を担当しなければならない」と規定し、第72条に「保険医又は（中略）保険薬剤師は、厚生労働省令で定めるところにより、健康保険の診療又は調剤に当たらなければならない」と規定している。

　これを受けて制定された厚生労働省令が「保険医療機関及び保険医療養担当規則」（一般に「療養担当規則」＝略して「療担」と呼ばれる）である。保険診療を行う際の基本方針が示されている。次に、その主要なものを挙げる。

■（1）療養の給付の基本方針（第2条・第13条～第14条）

　保険医療機関および保険医は、懇切丁寧に、妥当適切な療養の給付を担当しなければならない。つまり、過剰診療や過少診療は行ってはならないと定める。

■（2）適正な費用請求手続（第2条の3）

　保険医療機関は、療養の給付の費用の請求（診療報酬請求）についての手続きを適正に行わなければならない。

■（3）特定の保険薬局への誘導の禁止（第2条の5・第19条の3）

　保険医療機関および保険医は、処方せんの交付に関して、患者に対して特定の保険薬局において調剤を受けるよう誘導してはならない。また、その代償として、保険薬局から金品その他の財産上の利益を受けてはならない。

■（4）被保険者証の確認（第3条）

　保険医療機関は、患者が療養の給付を受ける際には、被保険者証の提出を求め、確認しなければならない。多くの医療機関では、継続して受診している患者であっても、その月に初めて受診する際に被保険者証の提出を求めるのは、このためである。

　なお、被保険者証の確認を怠り、誤った被保険者情報で請求した医療費は、当然のこと

医療経営士●初級テキスト3　**105**

第4章　医療保険制度に関する法規

ながら保険者から支払われない。被保険者番号その他の被保険者情報の確認はもちろんのことであるが、①退職（転職）、②転居、③満75歳に達したときなどに、被保険者が加入する医療保険の変更（旧保険の資格喪失・新保険の資格取得）が起こるので、病院・窓口では十分に注意する必要がある。

（5）一部負担金等の受領（第5条・第5条の2）

保険医療機関は、被保険者の一部負担金等を受領しなければならず、これを免除することを禁止している。また、その際には正当な理由がない限り明細書付きの領収証を発行しなければならない。

このことは、病院・診療所の職員や関係者（職員の家族など）が保険診療を受けるときも同様である。保険請求を行わないのであれば医療費の減免は病院・診療所が自由に行えばよいが、医療費の7割分を保険請求するにもかかわらず、残り3割の自己負担分の全部または一部を「職員割引」などと称して免除することは、この規定に違反する。この種の問題で、厚生労働省や都道府県等の行政から「不適切」との指摘を受ける病院・診療所が少なくないので十分に注意されたい。

どうしても「職員割引」を実施したい場合は、職員・関係者本人が3割の自己負担分をいったん支払い、後日その全部または一部を「福利厚生費」として還付するなどの方法であれば適法だと考えられている。

（6）保険外費用の説明と同意（第5条の4）

保険医療機関は、差額ベッド代等の選定療養の提供、その他の保険外併用療養費の給付の対象となる保険外診療の費用について、あらかじめ患者に対して、その内容・費用についての説明を行い、同意を得なければならない。一般には、同意書に記名・捺印してもらうことが多い。また、その内容・費用は院内に掲示しなければならない。

（7）帳簿等の保存（第9条）

患者の診療録は5年間、その他の療養の給付に関する帳簿・書類、その他の記録は3年間保存しなければならない。これらの期間の起算日は、最後に診療を受けた日である。

（8）保険診療の具体的方針（第20条）

療養担当規則は、保険診療の具体的方針として、次のような事項を掲げている。ただし、それぞれの「必要があると認められる」との判断は、個々の保険医が行うことになる。

①診　察

・診察は、患者の職業上や環境上の特性を顧慮して行う。

・診察を行う場合は、患者の服薬状況や服薬歴を確認する。

106　医療経営士●初級テキスト3

・健康診断を療養の給付の対象として行ってはならない。

・往診や各種の検査は、診療上必要があると認められる場合に行う。

②**投薬・処方せんの交付**

・投薬は、必要があると認められる場合に行う。

・治療上1剤で足りる場合は1剤、必要があると認められる場合に2剤以上を投与する。

・同一の投薬は、みだりに反復せず、症状の経過に応じて変更するなど考慮する。

・投薬量は、必要期間に従ったものでなければならない。厚生労働大臣が定める薬剤については、その定めに従って1回14日分、30日分、または90日分を限度とする。

・処方せんの使用期間は、交付の日を含めて4日間とする。

③**その他**

・手術、処置、リハビリテーション、入院の指示は必要があると認められる場合に行う。

2 診療報酬点数表

　療養の給付に要する費用の額は、健康保険法第76条に「厚生労働大臣が定めるところにより、算定するものとする」と規定されており、これを受けて制定される厚生労働省告示が「診療報酬の算定方法」であり、通称「診療報酬点数表」と呼ばれるものである。この告示は、概ね2年ごとに見直され、1つひとつの診療行為が「点」という単位(1点＝10円)で示される。また、同じような行為であっても、施設の状況や職員の配置によって異なる点数が与えられているものが多く、かなり複雑な体系となっている。

　本書は、個々の診療報酬点数について解説するものではないので、その算定の基本的な考え方と診療報酬制度全体の体系についてのみ解説する。

▌（1）診療報酬算定の基本

　療養の給付に要する費用の額である診療報酬は、原則として、個々の医療行為ごとに決められた額を合算して算定する。病院や診療所を受診した場合、たとえば、初診料(再診料)＋検査料＋投薬料＋処置料のように、実際に行った医療行為の内容と数に応じて計算される。これを「出来高払い方式」という。

　これに対して、日常反復的に行われることが多い、主として高齢者を対象とする入院医療や在宅医療では、患者1人当たり「1日につき○○点」のように、実際に行った各医療行為の合算ではなく、定額で算定されるものもある。これを「包括払い方式」という。

▌（2）診療報酬算定と施設基準

　同じような行為であっても、施設・設備や職員の配置数などの「施設基準」を設けて異なる点数を定めているものがある。その施設基準もほかの厚生労働省告示できわめて詳細に

規定されている。

(3)医科診療報酬の体系

　診療報酬は医科・歯科・調剤の３種類に分かれている。そのうち医科診療報酬は、大きく「初・再診料」「入院料等」「在宅医療」「検査」「画像診断」「投薬」「注射」「リハビリテーション」「処置」「手術」「麻酔」などに分かれており、さらに、それぞれの項目のなかで細分化され、施設基準などによって異なる費用の額が体系的かつ詳細に、一覧表として定められている（表４-７）。

表4-7　医科診療報酬の体系

第1章 基本診療料	第1部　初・再診料	
	第2部　入院料等	第1節　入院基本料 第2節　入院基本料等加算 第3節　特定入院料　など
第2章 特掲診療料	第1部　医学管理等	
	第2部　在宅医療	第1節　在宅患者診療・指導料 第2節　在宅療養管理指導料　など
	第3部　検　査	第1節　検体検査料 第2節　（削除） 第3節　生体検査料　など
	第4部　画像診断	第1節　エックス線診断料 第2節　核医学診断料 第3節　コンピューター断層撮影診断料　など
	第5部　投　薬	第1節　調剤料 第2節　処方料 第3節　薬剤料　など
	第6部　注　射	第1節　注射料 第2節　薬剤料　など
	第7部　リハビリテーション	
	第8部　精神科専門療法	
	第9部　処　置	第1節　処置料 第2節　処置医療機器等加算　など
	第10部　手　術	第1節　手術料 第2節　輸血料 第3節　手術医療機器等加算　など
	第11部　麻　酔	第1節　麻酔料 第2節　神経ブロック料　など
	第12部　放射線治療	
	第13部　病理診断	

医療保険制度以外の医療費等の支払いに関する法規

1 生活保護法

(1)生活保護制度とは

　生活保護法は、「日本国憲法第25条に規定する理念に基づき、国が生活に困窮するすべての国民に対し、その困窮の程度に応じ、必要な保護を行い、その最低限度の生活を保障するとともに、その自立を助長することを目的とする」と規定している(第1条)。

　必要な「保護」とは、①生活扶助、②教育扶助、③住宅扶助、④医療扶助、⑤介護扶助、⑥出産扶助、⑦生業扶助、⑧葬祭扶助の8種類である(第11条)。そのうち④の医療扶助と⑤の介護扶助は医療・介護サービスを提供する病院・診療所・介護サービス事業所にその費用が支払われる「現物支給」、その他の①～③および⑥～⑧は保護を受けている人に直接金銭が支払われる「現金支給」である(第31条～37条)。

　生活保護の実施責任は国であるが、実際に保護を決定し実施する機関は都道府県知事、市長および福祉事務所を管理する町村長である(第19条)。現金給付される各扶助の基準額は、全国を市町村単位で6段階に級地区分され、さらに標準3人世帯・高齢者単身世帯・母子家庭世帯などの世帯構成や年齢によって複雑に定められている。高齢者単身世帯の場合、①生活扶助は概ね月額60,000～80,000円程度、③住宅扶助は概ね月額20,000～50,000円程度以内の実費、となっている。生活保護受給者に賃金や親族等からの仕送りなどの収入がある場合は、その額を差し引いて支給される。

(2)生活保護の医療扶助

　生活保護費受給者の医療費は、その全額が医療サービスを提供した病院・診療所等に支払われ、本人の一部負担はない。生活保護受給者の患者は、病院・診療所等を受診する際には、通常の患者の健康保険被保険者証に代わって医療扶助受給者証を提示するが、病院・診療所等から提供される医療サービスの種類・質や医療費の額は、原則としてほかの一般の患者と異なるものではない。ただし、差額ベッド代など保険診療以外の費用は医療扶助の対象外なので、必要なものは生活扶助費で賄うことになる。

　なお、厚生労働省社会・援護局保護課「改正生活保護法について」によれば、全国の生活

第4章　医療保険制度に関する法規

保護受給者数は1999（平成11）年に100万人だったものが2017（平成29）年2月には約214万人と倍増し、生活保護費の総額も年間約3兆8,000億円（平成29年度予算）に膨れ上がっているが、約半分は医療扶助費が占めている。生活保護受給者全体のうち、多くの割合を高齢者や傷病者が占めていることがその最大の要因であるが、医療扶助を含む生活保護費全体の圧縮が最近の政府の重要な政策課題の1つとなっている。

2　労働者災害補償保険法

（1）労災保険とは

労働者災害補償保険（通称・労災保険）とは、業務上の災害や通勤途上の災害などによる労働者の負傷・疾病・障害、死亡等に対して迅速・公正な保護をすることを目的として、政府が管掌する社会保険である（第1条〜第2条）。1人でも労働者を雇用する事業所に強制適用されるが（第3条）、公務員には適用されない（公務員は国家公務員災害補償法・地方公務員災害補償法の適用を受ける）。

労災保険の保険給付は、①療養補償給付、②休業補償給付、③障害補償給付、④遺族補償給付、⑤葬祭料、⑥傷病補償年金、⑦介護給付の7種類がある（第12条の8）。

（2）労災保険の療養補償給付

業務上・通勤途上の負傷・傷病について、その治療に必要な医療費は、医療保険制度に代わって、労災保険の療養補償給付が現物支給を行う。保険給付の範囲は、医療保険制度の給付範囲のほか、病院・診療所等への移送費や自宅での療養に必要な費用も含む。

病院・診療所等に支払われる医療費の計算は、医療保険制度に準じるが、医療保険制度が1点＝10円で計算するのに対して、労災保険の場合は1点＝12円（「非課税医療機関」と呼ばれる一部の病院・診療所は11.5円）で計算する。

3　自動車損害賠償保障法

（1）自賠責保険とは

自動車損害賠償責任保険（通称・自賠責保険）とは、すべての自動車の所有者に加入が強制される損害保険であり、自動車事故によって他人を負傷または死亡させた場合に、自動車事故被害者に対して保険金が支給される。

■（2）自動車事故被害者の医療費の支払い

　自動車事故被害者が、その負傷を治療するために必要な医療費はどこから支払われるか？　被害者および病院・診療所等は、①被害者本人が加入する医療保険、②加害者が加入する自賠責保険、③加害者本人のいずれかに請求することが可能（労災保険の対象である「業務上の負傷・疾病」は原則として医療保険制度の対象外であるが、自賠責保険の対象である「自動車事故」は医療保険制度の保険給付対象から除外していない）であり、どちらを優先すべきであるかについて法令は何も定めていない。

　したがって、病院・診療所等としては、自動車事故被害者である患者本人の申し出によって取り扱うことになる。実際には、自動車事故被害者は、医療費のほかにもさまざまな損害賠償請求をすることが多いため、その手続きの一切を損害保険会社が行ってくれる自賠責保険を選ぶことが多い。

　なお、病院・診療所等から自賠責保険への請求は、医療保険制度や労災保険とは異なっており、請求する病院・診療所等の任意（1点＝〇円という定めがない）となっている。

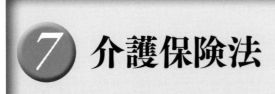

1 介護保険制度の概要

(1) 介護保険制度とは

　介護保険制度は、わが国の急速な高齢化を背景に、心身の障害によって自立した日常生活を営むことが困難な高齢者等(支援・介護が必要な高齢者等)を「高齢者福祉」または「高齢者医療」の枠を超えて支援する必要から2000(平成12)年に発足したものである。
　それまでの「高齢者福祉」は地方公共団体の財政によって、生活困難者を保護・援助するという視点から行われてきた。一方、「高齢者医療」は、医療保険制度のなかで、高齢者特有の疾病や症状を医学的に対処するという視点から行われてきた。つまり、同じような心身状態にある高齢者の支援・介護が、2つの異なる制度の下で営まれてきたわけだが、これらを統合し、医療保険制度のしくみに準じた、医療保険制度とは別の公的保険制度に改編したのである。
　介護保険の保険者は市町村および特別区(東京23区)であるが、複数の市町村等が共同で行う「広域連合」も認められている。なお、都道府県は市町村・特別区の支援を行うが、国民健康保険とは異なり、直接の保険者ではない。
　被保険者は40歳以上のすべての国民であり、保険給付を受けることができるのは、原則として65歳以上の支援・介護が必要な高齢者(例外的に、特定の疾病が原因で支援・介護が必要な場合は40歳以上)となっている。原則として介護サービスを利用できない40〜64歳を被保険者としたのは、65歳以上の保険料だけでは保険財政が成り立たない、という理由による。

(2) 介護保険制度のしくみ

　介護保険制度のしくみは、ほぼ医療保険制度に準じている。支援・介護が必要な高齢者等は、都道府県知事(一部は市町村長)が指定する「指定居宅サービス事業所」から必要な支援・介護サービスを受け、または都道府県知事(一部は市町村長)が許可する「介護保険施設」に入所して必要な支援・介護サービスを受けて、介護サービス利用者は介護サービス費用の1割(一定以上の所得者は2割、ただしその一部は2018年8月から3割)を自己負担し、

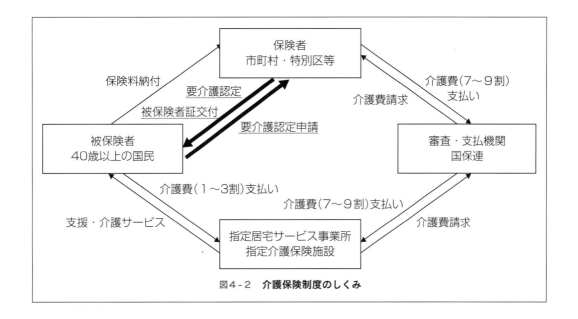

図4-2　介護保険制度のしくみ

残りの9割(8〜7割)をサービス事業所・介護保険施設が保険者に請求する。

　医療保険制度との大きな違いは、被保険者は介護保険料を納付しても直ちに被保険者証が交付されないことである。被保険者は実際に支援・介護が必要な状態になった際に、その必要度の判定(要介護認定)を保険者から受け、認定後に介護保険被保険者証が交付されて介護サービスを利用することができるようになる(図4-2)。

(3)要介護認定

　介護保険制度が医療保険制度と大きく異なるのは、高齢者等の支援・介護の必要度について要介護認定を受けることであるが、さまざまな日常生活の項目についての高齢者等の心身状態に関する調査を受けたあと、要支援1・2および要介護1・2・3・4・5の7段階に判定される(一般に「要介護度」といわれる)。

　そして、その要介護度に応じて、利用することができるサービスの種類や利用することができる介護サービス費用の総額に制限が設けられており、個々の介護サービスの費用の額に差が設けられているものも多い。

(4)介護サービスの費用

　介護サービスの費用は、医療保険制度にならって、厚生労働省告示「介護報酬の算定方法」(通称「介護給付費単位数表」)に規定されている。診療報酬が概ね2年ごとに見直されるのに対して、介護報酬は概ね3年ごとに見直される。したがって、6年に一度、診療報酬と介護報酬が同時に見直されることになるが、これを一般に「同時改定」または「ダブル改定」と呼んでおり、このときに大きな改定が行われることが多い。

第4章　医療保険制度に関する法規

　介護給付費単位数表は、居宅サービスについては、①利用者の要介護度や②サービス提供時間に応じて、1回あるいは1日当たりの介護サービス費用が「単位」で示される（一部には1月ごとに費用が決まっているものもある）。診療報酬の「点」に対して介護報酬が「単位」という異なる用語を用いるのは、診療報酬が全国一律に1点＝10円であるのに対して介護報酬は1単位＝10円〜11.40円と地域によってサービスの種類に応じて差を設けているからである。

　一方、施設サービスは、介護保険施設の種類別に、入所者の要介護度に応じて1日の費用が定められている。診療報酬と同様、施設の状況や職員の配置によって異なる単位が与えられているものが多く、複雑な体系となっている。

　なお、診療報酬と同様、介護報酬についても本書では詳しく解説しないので、別に学んでほしい。

(5)居宅サービスと施設サービス

　介護保険制度の対象となる介護サービスは、大きく「居宅サービス」と「施設サービス」の2つに分類される。居宅サービスとは、高齢者等が自宅に住みながら利用する介護サービスであり、施設サービスとは、高齢者等が自宅を離れて介護保険施設に入所し、その施設内で受ける介護サービスである。

　注意すべき点が2つある。1つは、居宅サービスとは、訪問介護員（ホームヘルパー）が居宅を訪問して高齢者を介護するなど「居宅において」受ける介護サービスだけではないということである。自宅に住みながら1週間に何回か通所介護施設（デイサービス施設）に通ったり、1週間単位で短期入所施設（ショートステイ施設）に入所したりするサービスも居宅サービスである。

　第2は、施設サービスとは都道府県知事の開設許可を受けた「介護保険施設」に入所して受ける介護サービスであり、介護保険施設ではない施設的な住居で受ける介護サービスは施設サービスではないということである。

　特定施設入居者生活介護を提供する有料老人ホーム等は、そこに入居して受ける介護サービスは、介護保険施設において提供されるサービスとほとんど変わらない。しかしながら、法令の上では居宅サービスに位置づけられる。認知症対応型共同生活介護を提供するグループホームも同様である。

　また、近年、主として高齢者を入居させる「サービス付き高齢者向け住宅」のような集合住宅が急増しているが、この種の住居で介護が必要になった場合には、自宅に住みながら利用する介護サービスとして、一般の居宅サービスを利用することになる。

　居宅サービスは、要介護度に応じて定められた支給限度額（表4-8）の範囲内で、さまざまな居宅サービスのなかから必要なものを利用者が選択し、それらを組み合わせて利用する。このサービスの組み合わせを支援し、各種のサービス事業者と利用者との間の連絡・

114　医療経営士●初級テキスト3

調整・管理を行うのが介護支援専門員(ケアマネジャー)という専門職である。

これに対して、施設サービスは、24時間365日の生活に必要なすべてのサービスを施設内で提供する。どのようなサービスを提供するかは、入所者1人ひとりについて計画が策定されるが、それは入所者が選択するものはなく、入所者の希望を考慮しながら施設の責任において行われるものである。

なお、居宅サービスは、要支援1・2(要支援者)および要介護1・2・3・4・5(要介護者)のすべてが利用できるが、施設サービスは要介護者(特別養護老人ホームは原則として要介護3以上)に限られ、要支援者は利用することができない。

表4-8　居宅サービスの支給限度額

要介護認定区分	1か月の支給限度額 （1単位≒10円として）
要支援1	5,003単位 （ 50,030円程度）
要支援2	10,473単位 （104,730円程度）
要介護1	16,692単位 （166,920円程度）
要介護2	19,616単位 （196,160円程度）
要介護3	26,931単位 （269,310円程度）
要介護4	30,806単位 （308,060円程度）
要介護5	36,065単位 （360,650円程度）

2　介護サービスの種類

(1)居宅サービス

介護保険法が定める居宅サービスは、要介護者を対象とするもの(第41条・第44条〜第46条)と要支援者を対象とするもの(第53条・第56条〜第58条)の2つに大別される(表4-9、表4-10)。要支援者を対象とするサービスのほとんどは、要介護者を対象とするサービスに「介護予防」の4文字を追加した名称となっている。

医療経営士●初級テキスト3　115

第4章　医療保険制度に関する法規

表4-9　要介護者を対象とする居宅サービス

名称	サービス内容
訪問介護	訪問介護員（ホームヘルパー）が居宅を訪問し、食事、排せつ、その他身の回りの介護を行う
訪問入浴介護	看護職員と介護職員が居宅を訪問し、移動式浴槽を用いて入浴を提供する
訪問看護	看護職員が居宅を訪問し、病状観察、療養上の指導、創傷等の医学的処置を行う
訪問リハビリテーション	理学療法士・作業療法士等が居宅を訪問し、リハビリテーションを行う
居宅療養管理指導	医師・薬剤師等が居宅を訪問し、医学的管理に基づく介護支援専門員への情報提供、利用者・家族への助言・指導を行う
通所介護	通所介護施設（デイサービス施設）に通所させ、日帰りで食事、排せつ、入浴、機能訓練等の介護を提供する
通所リハビリテーション	通所リハビリテーション施設（デイケア施設）に通所させ、日帰りで食事、リハビリテーション等の介護を提供する
短期入所生活介護	特別養護老人ホームなどに短期間入所させ、食事、排せつ、入浴、機能訓練等の介護を提供する
短期入所療養介護	老人保健施設などに短期間入所させ、食事、排せつ、入浴、リハビリテーション等の介護を提供する
特定施設入居者生活介護	有料老人ホーム等に入居させ、食事、排せつ、入浴、機能訓練等の介護を提供する
福祉用具貸与	居宅での生活に必要な介護用ベッド、車いす、褥瘡予防マット等の福祉用具を貸与する
居宅介護支援	介護支援専門員（ケアマネジャー）が、居宅介護計画（ケアプラン）を作成し、居宅サービスの利用を調整・管理する

表4-10　要支援者を対象とする居宅サービス

名称	サービス内容
介護予防訪問入浴介護	要介護者を対象とする居宅サービスに準じる
介護予防訪問看護	
介護予防訪問リハビリテーション	
介護予防居宅療養管理指導	
介護予防通所リハビリテーション	
介護予防短期入所生活介護	
介護予防短期入所療養介護	
介護予防特定施設入居者生活介護	
介護予防福祉用具貸与	
介護予防支援	

介護保険法 7

(2) 施設サービス

施設サービスは表4 -11のとおりである（第48条・その他の法令）。なお、施設サービスは要介護者のみを対象としており、要支援者が利用することはできない。

表4 -11　施設サービス

名称	サービス内容
介護老人福祉施設	特別養護老人ホームに入所させ、食事、排せつ、入浴、機能訓練等の介護を提供する
介護老人保健施設	老人保健施設に入所させ、食事、排せつ、入浴、リハビリテーション等の介護を提供する
介護療養型医療施設	介護保険法上の届出を行った病院に入院させ、必要な医療と食事、排せつ、入浴、リハビリテーション等の介護を提供する（2024年3月廃止予定）
介護医療院	介護医療院としての届出を行った病院等に入所させ、必要な医療と食事、排せつ、入浴、リハビリテーション等の介護を提供する（2018年4月新設）

(3) 地域密着型サービス

本来、居宅サービスまたは施設サービスに属すべきサービスのなかで、一部のものは市町村など身近な地理的範囲で提供することが望ましいことから、「地域密着型サービス」として類型化されている（第42条の2・第54条の2）。ほかの居宅サービス事業所や介護保険施設は都道府県知事が指定・許可するのに対して、地域密着型サービスは保険者である市町村長が指定・許可する。なお、地域密着型サービスも要介護者を対象とするものと要支援者を対象とする者に分かれる（表4 -12、表4 -13）。

表4 -12　要介護者を対象とする地域密着型サービス

名称	サービス内容
定期巡回・随時対応型訪問介護看護	24時間体制で、必要に応じて1日複数回、訪問介護および訪問看護に準じるサービスを提供する
夜間対応型訪問介護	オペレーションセンターを設置して、24時間体制で訪問介護に準じるサービスを提供する
地域密着型通所介護	小規模の通所介護施設で通所介護に準じるサービスを提供する
認知症対応型通所介護	専ら認知症の高齢者等を対象に通所介護に準じるサービスを提供する
小規模多機能型居宅介護	訪問介護・通所介護に準じるサービスおよび宿泊サービスを必要に応じて組み合わせて提供する
認知症対応型共同生活介護	専ら認知症の高齢者等を共同生活住居（グループホーム）に入居させ、必要な介護を提供する

医療経営士●初級テキスト3　117

第4章　医療保険制度に関する法規

地域密着型特定施設入居者生活介護	小規模の有料老人ホーム等に入居させ、食事、排せつ、入浴、機能訓練等の介護を提供する
地域密着型介護老人福祉施設	小規模の特別養護老人ホームに入所させ、食事、排せつ、入浴、機能訓練等の介護を提供する
看護小規模多機能型居宅介護 （複合型サービスから名称を変更）	小規模多機能型居宅介護および訪問看護に準じるサービスを組み合わせて提供する

表4-13　要支援者を対象とする地域密着型サービス

名称	サービス内容
介護予防認知症対応型通所介護	要介護者を対象とする地域密着型サービスに準じる
介護予防小規模多機能型居宅介護	
介護予防認知症対応型共同生活介護	

3　居宅サービス事業所の指定と介護保険施設の開設

（1）居宅サービス事業所の指定

　介護サービスのうち、居宅サービスを提供する「居宅サービス事業所」は、原則として法人が、厚生労働省令で定める施設・人員・運営基準を満たしたうえで都道府県知事に申請し、指定を受けることによって保険対象の介護サービスを提供することができる。

　居宅サービスのうち訪問看護、訪問リハビリテーション、居宅療養管理指導の3サービスは、病院・診療所等の医療提供施設が行うものであることから、例外的に法人（医療法人等）ではなく、個人（医師個人）が開設する病院・診療所であってもよい。また、これら3サービスは指定申請の手続きをしなくても指定を受けたものとみなされる（みなし指定）。

　介護保険法は、法人の種類については何も制限していないので、医療法人、社会福祉法人のほか、株式会社等の営利法人や特定非営利活動法人（NPO）の居宅サービス事業所を開設することができる。ただし、ほかの法令によって、開設が認められないものもある。

　たとえば、株式会社は医療法の規定により、特定非営利活動法人は「特定非営利活動促進法」により病院・診療所等を開設することができないので、居宅療養管理指導（薬局の薬剤師が行うものを除く）や訪問リハビリテーションを行うことができない（訪問看護については介護保険法によって株式会社や特定非営利活動法人にも認められる）。

（2）介護保険施設の開設

　4種類の介護保険施設、すなわち①介護老人福祉施設、②介護老人保健施設、③介護療養型医療施設、④介護医療院は、それぞれ①社会福祉法、②介護保険法、③医療法、④介護保険法を根拠に、①特別養護老人ホーム、②老人保健施設、③④病院として、都道府県知事の許可を得て開設されるものであるから、それぞれの法律が定める特定の法人しか開設が認められない。そのため、株式会社や特定非営利活動法人には、すべての介護保険施設の開設が認められない。また、医療法人は、医療法が規定する医療法人の附帯事業に含まれていないことから、介護老人福祉施設（特別養護老人ホーム）を開設することができない。

　なお、介護保険施設は、社会福祉法、介護保険法、医療法が定める各施設の施設基準と厚生労働省令で定める施設・人員・運営基準を満たしたうえで、都道府県知事の許可を受けることによって開設が認められ、施設サービスを提供することができる。

確認問題

問題1 医療保険の保険者および被保険者について、次の選択肢のうち正しいものを1つ選べ。

[選択肢]

①国民健康保険の保険者は、国および都道府県である。

②被用者は、組合管掌健康保険または全国健康保険協会管掌健康保険のいずれかの被保険者となる。

③被用者でない者のうち世帯主である者だけが、国民健康保険の被保険者となる。

④組合管掌健康保険および全国健康保険協会管掌保険の被保険者は、退職すると被保険者の資格を喪失する。

⑤国民健康保険の被保険者は、全国どこに転居しても被保険者の資格は変わらない。

確認問題

解答1 ④

解説1

①×：国民健康保険の保険者は都道府県および市町村・特別区である。国は保険者ではない。

②×：被用者であっても、船員は船員保険、国家公務員は国家公務員共済組合、地方公務員は地方公務員等共済組合に加入する。

③×：国民健康保険の被保険者は、世帯主および世帯員である。健康保険組合管掌保険・全国健康保険協会管掌健康保険のように被扶養者という扱いはない。

④○：選択肢のとおり。原則として退職すると被保険者の資格は喪失するが、本人の申し出により任意継続することもできる。

⑤×：都道府県を超えて転居すると被保険者の資格を失うので、新しく転入した都道府県の国民健康保険の資格を取得しなければならない。なお、同一都道府県内での転居の場合でも、住所変更があれば新しい保険証に切り換えなければならないので市町村への届出は必要である。

確認問題

問題2 医療保険の保険給付について、次の選択肢のうち正しいものを1つ選べ。

[選択肢]

①保険医が保険医療機関において保険給付の対象となる医療を提供した場合、そのすべてについて医療保険給付を受けることができる。

②入院時食事療養費の給付割合は、療養の給付と同様に原則7割である。

③保険外併用療養費が給付されるのは、評価療養および選定療養の2つの場合に限られる。

④医療保険の給付には、被保険者や被扶養者が死亡したときに給付されるものがある。

⑤患者が保険医療機関に保険証を提示しないで医療の提供を受けた場合、その費用は保険給付の対象にならない。

確認問題

解答 解説

解答
2　④

解説
2

①×：療養の給付は妥当適切でなければならず、過剰診療と認められ、その一部または全部が支払われない場合がある。また、請求の際の記載ミスなどによって、支払われないこともある。

②×：入院時食事療養費は、在宅で療養する患者との公平性の観点から定められるので、療養の給付と同じ給付割合ではない。

③×：評価療養および選定療養のほかに、患者申出療養がある。

④○：被保険者の死亡時には埋葬料が、被扶養者の死亡時には家族埋葬料が給付される。

⑤×：保険証を提示しないで医療の提供を受けた場合、いったん患者は費用の全額を医療機関に支払うが、のちに保険者に請求して現金還付を受ける療養費という給付がある。

医療経営士●初級テキスト3 | 123

確認問題

問題 3 介護保険制度について、次の選択肢のうち正しいものを1つ選べ。

[選択肢]

①介護保険の保険者は、市町村・特別区である。

②介護保険の被保険者は、65歳以上の支援・介護が必要な高齢者である。

③居宅サービスは居宅において、施設サービスは施設において利用する介護サービスである。

④要介護認定を受けた高齢者は、居宅サービスまたは施設サービスのいずれかを選択して利用できる。

⑤医療法人は、すべての介護サービスを提供することができる。

確認問題

解答 3 ①

解説 3

①○：選択肢のとおり。国民健康保険の保険者は市町村・特別区から都道府県および市町村・特別区に変更されたが、介護保険の保険者は従来のとおりである。

②×：介護保険給付を受けるのは原則として65歳以上の支援・介護が必要な高齢者であるが、保険料を納付する被保険者は40歳以上である。

③×：居宅サービスは「居宅の居住者」が受ける介護サービス、施設サービスは「介護保険施設の入居者」が受ける介護サービスである。介護サービスが提供される場所による分類ではない。

④×：施設サービスの利用は「要介護1」以上の認定を受けた者に限られ、「要支援1」または「要支援2」の認定を受けた者は居宅サービスしか利用できない。

⑤×：医療法人は、医療法の規定により、特別養護老人ホームを開設することが認められていない。

第5章

広義の医療関連法規

1 病院・診療所等と患者との関係に関する法規
2 病院・診療所等と職員との関係に関する法規
3 病院・診療所等と社会との関係に関する法規

第5章　広義の医療関連法規

1 病院・診療所等と患者との関係に関する法規

1 病院・診療所等と患者との関係

(1)病院・診療所等と患者との契約

　患者が病院や診療所を受診する行為は、患者と病院・診療所との「契約」と考えられる。契約とは、売り主Aの「○○を△△円で売りたい」という意思と、買い主Bの「○○を△△円で買いたい」という意思の合致で成立する。契約が成立したら、Aは○○をBに引き渡し、Bは△△円をAに支払う義務が生じる。こうした、社会における人と人(法人を含む)との関係の基本は、**民法**という法律に定められている。

　売り主Aや買い主Bの意思は必ずしも、口に出して明言したり、書面に記したりする必要はなく、社会常識の範囲で「売りたい」「買いたい」という意思が明らかであればよい。たとえば、買い主Bが商品をレジに差し出す行為は、無言であっても「買いたい」という意思を明確に示している。

　さて、病院や診療所の例に戻ると、病院・診療所Aは、保険医療機関の指定を受けている以上、「医療保険制度で定められた方法・費用で診療します」という意思をすでに示していることになる。また、患者Bは、受付窓口で健康保険証や診察券を提示することによって、「病気やけがを医療保険制度で定められた方法・費用で診療してほしい」という意思を表示したものと考えられる。これが病院・診療所と患者との基本的な関係である。

(2)病院・診療所等と患者の権利・義務

　この関係において、病院・診療所Aは、患者Bに対して、現在の医学水準に合致した診療を、健康保険法や療養担当規則に定めるとおり「懇切丁寧に」「妥当適切に」提供しなければならない義務を負う。その半面、患者Bに対して、健康保険法に基づく診療報酬の一部負担金を請求する権利を持つ。一方の患者Bは、現在の医学水準に合致した診療を受ける権利を有し、所定の一部負担金を支払う義務を負う。

　ここで論点は2つある。1つは、病院や診療所は医療を提供する義務を負うものの、疾病や負傷を「完全に元どおりに治す」ことまで約束していないことである。もう1つは「現在の医学水準に合致した、懇切丁寧で妥当適切な診療とは何か」ということである。

128 医療経営士●初級テキスト3

病院・診療所等と患者との関係に関する法規 ❶

2　病院・診療所等の契約上の義務

■（1）病院・診療所等の医療過誤

　病院や診療所等が提供した医療行為に対する不満には、「病気がなかなか治らない」「けがを治療したら傷跡が残った」「採血の際に痛い思いをした」など数々のものがある。なかには、診療の結果として死亡に至ったり、大きな後遺症が残ったりした場合などで、訴訟に発展することもある。

　こうした場合における病院・診療所等の責任の有無は、一連の医療行為が「現在の医学水準に合致した妥当適切な診療」だったか否かの判断による。医師・看護師といった一定の資格を有する職員が妥当適切な技術・知識を持ち合わせていたか、また、十分に注意を払って行ったかなどが問われるのである。病院・診療所側に責任がある場合、これを一般に「医療過誤」と呼ぶ。仮に結果が大事に至らなくても医療過誤には違いない。

　医療法や医師法、保健師助産師看護師法などの医療従事者に関する法規、健康保険法などの医療保険制度に関する法規など「狭義の医療関連法規」が規定するさまざまなルールが遵守されていたかどうかも重要なポイントとなる。ただし、「現在の医学水準」に照らして妥当適切か否かの判断は、専門家の間でも意見が大きく分かれることが多い。

　なお、医療過誤と認められる場合、病院・診療所側は患者に対して、その損害を賠償しなければならない（民法第709条）。損害賠償の額は、実際の経済的な損失と「痛み」や「苦しみ」「悲しみ」などを評価した額（慰謝料）を合算したものである。

■（2）医療過誤ではない患者の不満

　病院・診療所等が妥当適切な診療を行った場合、病気がなかなか治らなくても、治療後に傷跡が残っても、病院・診療所等が法的な責任を問われることはない。にもかかわらず、病院・診療所等で提供された医療サービスに不満を持つ患者は少なくない。実際、医療サービスに対する患者の評価は、病院・診療所等によって、あるいは職員の対応のしかたによって大きなバラツキがあるのも事実である。

　こうした場合、法律は、患者の自由な意思と自己責任によって医療機関を評価し、自分の意思で選択できることもまた保障している。

3　患者の契約上の義務

■（1）患者の医療費支払い義務

　病院・診療所等が患者に「妥当適切な診療」を提供する義務があるのに対して、患者は健

医療経営士●初級テキスト3　129

第5章　広義の医療関連法規

康保険法等で定められた所定の一部負担金を支払う義務がある。これは、店舗で商品を購入した際に、その代金を支払わなければならないことと、まったく同じである。

ところが、「病気がなかなか治らない」「けがを治療したら傷跡が残った」「採血の際に痛い思いをした」といった一方的な主張で、患者がその支払いを拒むケースがときどきある。こうした場合でも、病院・診療所等は「妥当適切な診療」を提供した以上、一部負担金を請求する権利がある。また、療養担当規則の規定からも、一部負担金の支払いをみだりに免除することは許されない。

■（2）一部負担金の不払い問題

昨今では、小中学校等への給食費などの不払いと並んで、病院・診療所等への医療費不払いが社会問題化しつつある。いずれの場合も民法上は、児童・生徒の父母や患者には給食費や医療費の支払い義務があり、訴訟などの法的手段を講じれば解決する問題である。基本的な事項だけを整理すると、論点は次の2つである。

まず、代金・費用の支払いの請求に関しては「時効」というものがある。病院・診療所等に支払うべき医療費の場合、その支払い義務が生じたあと最後に催告した日から3年が経過すると、患者の費用支払い義務が消滅する（民法第170条）。つまり、病院・診療所等は、定期的に「支払ってください」と催告しなければならない。なお、2017年の民法改正により、2020年4月から時効は5年に延長されることになった。

次に、患者に医療費の支払い義務がある場合、病院・診療所等は訴訟などの法的手段を講じれば、裁判所を通じて強制的にそれを回収できることを知っておきたい。その手続きは**民事訴訟法**という法律に定められており、通常の訴訟のほか、略式で裁判所が費用の支払いを命令する方法もある。詳細は弁護士等の専門家に相談していただきたいが、現実には、このような民事訴訟法に定められた手続きを取る前に、「○月○日までに支払われなければ法的手続きを行います」といった主旨の通告で解決することも多い。

4　患者の迷惑行為と犯罪行為

医療費の不払い問題と併せて社会問題化している患者の迷惑行為や暴言・暴力についても触れておこう。最近、こうしたモラルに欠ける患者のことを学校等において不当な言動を行う「モンスター・ペアレンツ」に倣って、「モンスター・ペイシェント」と呼ぶこともある。

提供された医療サービスの内容や請求された医療費への不満などの理由で、患者から苦情・苦言が寄せられることは珍しくないが、それも度が過ぎると犯罪となる場合がある。また、病院・診療所等の職員への性的嫌がらせや暴力なども立派な犯罪である。主な犯罪行為は、**刑法**という法律に定められている。

病院・診療所等と患者との関係に関する法規 ❶

　ほかの患者や職員の安全・安心を確保するために、病院・診療所等はこうした犯罪行為に対して毅然とした態度で立ち向かい、差し迫った危機が認められる場合には警察に通報するなどの行動を取らなければならない。病院や診療所等で起こり得る主な犯罪行為を表5-1に整理しておこう。

表5-1　主な患者の犯罪行為

暴行罪	刑法　第208条	他人に対して有形力（物理的な力）を行使すること 例：殴りかかる、物を投げつける、耳もとで大声を出す　など
傷害罪	刑法　第204条	暴行の結果、他人を負傷させること 例：殴って鼻血を出せた、物を投げつけて負傷させた　など
脅迫罪	刑法　第222条	他人を恐怖におとしいれる言動を取ること 例：「殺すぞ」「夜道に気をつけろよ」などの言動　など
器物損壊罪	刑法　第261条	他人が所有・管理する物品を破壊すること 例：いすを蹴り壊す・茶碗を割る・掲示物を破る　など
不退去罪	刑法　第130条	他人が所有・管理する建物から退去を求めても退去しないこと 例：「納得するまで帰らん」と居座る　など
威力業務妨害罪	刑法　第234条	有形力を行使して、他人の業務を妨害すること 例：大声を出して職員やほかの患者を退散させる　など
強制猥褻罪	刑法　第176条	他人に対して猥褻な行為をすること 例：看護師の身体にみだりに触る、抱きつく　など

5　患者の個人情報保護

　コンピュータ技術を利用した情報化社会の進展や個人のプライバシー意識の高まりを背景に、個人情報の漏洩によるプライバシー侵害に対する不安が増大した。2000年代初頭には、地方公共団体の住民情報(住民基本台帳データ)の大量流出、大手インターネットビジネス企業の顧客情報の大量流出、銀行の口座名義人情報の流出などの事件が多発し、その対策として、2003（平成15）年に**個人情報の保護に関する法律（通称・個人情報保護法）**が制定された。

　住所・氏名や家族構成がわかる住民情報、買い物の内容・価格などがわかる企業の顧客情報、どこの銀行のどこの支店に銀行口座を持っているかがわかる情報は、他人には知られたくない情報だろう。病院・診療所等の患者情報は、氏名・年齢・住所はもちろんのこと、病気やけがの種類・程度、行っている治療、処方薬の内容が中心であるが、さらには家族構成や勤務先、経済状況など患者に関する幅広い情報が記録されていることもある。こうした患者情報が、見知らぬ他人に知られたくない個人情報であることは間違いない。

　病院・診療所等は、個人情報である患者情報の利用目的を可能な限り特定しなければな

医療経営士●初級テキスト3　131

らない（同法第15条）。医療機関における利用目的とは、主に治療・医療費の請求、医学研究や職員研修などであろう。利用目的は、院内掲示などで公表しておくか、または本人に通知しなければならない（同法第18条）。

また、個人情報は、本人の同意を得ないで第三者に提供してはならない（同法第23条）。患者の家族や職場の関係者であっても基本的には第三者に該当する。入院中の患者の職場関係者などから、本人の病状について問い合わせがあることもあるが、十分な注意が必要である。また、より詳しい検査や高度な治療のために、患者をほかの医療機関に紹介することがあるが、その際の情報提供は、個人情報の第三者への提供となるので、本人の同意が必要となる。

ただし、「人の生命、身体又は財産の保護のために必要がある場合であって、本人の同意を得ることが困難であるとき」は除外されるので、本人が意識不明あるいは心神耗弱などの場合はこの限りではない。また、これらの場合を想定し、あらかじめ本人の同意を得ておく方法もある。

病院・診療所等と患者との関係に関する法規 ❶

column⑨ マイナンバーという個人情報

　2013（平成25）年に成立した「行政手続きにおける特定の個人を識別するための番号の利用等に関する法律」に基づいて、2015（平成27）年10月から通称「マイナンバー」の通知が始まった。マイナンバーは12桁の数字のみで構成される個人番号である。

　マイナンバー制度は、①社会保障、②税、③災害対策の3分野において、個人を識別するために活用されることを目的として創設されたものである。なかでも「①社会保障」の分野では、医療保険・介護保険・年金などの保険料の支払いや保険給付の支給に活用されるもの、つまり健康保険証・介護保険証・年金手帳などの代わりにもなるもの、と考えられている。

　しかしながら、各分野でマイナンバーを利用するためには、それぞれの分野の関係諸法令の改正が必要となるため、現在のところ、「①社会保障」や「③災害対策」の分野には適用されておらず、わずかに「②税」の分野においてのみ利用されている。病院・診療所等での実務では、職員への賃金の支払事務を行うに際して各職員のマイナンバーが必要になったくらいである。

　将来、上記すべての分野で利用されるようになれば、個人の収入や納税の状況、医療保険その他の社会保障の保険料支払いや給付の状況、災害対策において必要なさまざまな情報などが1つの番号のなかに集約されることになる。マイナンバーは、まさに「究極の個人情報」ともいうべきものの入口となる。

　病院・診療所等では、社会保障分野での利用に拡大されることも視野に入れつつ、職員のマイナンバー管理も含めて、その取り扱いには最高レベルの慎重さで臨みたい。

　なお、2016（平成28）年からマイナンバー制度の医療等分野における活用（医療等ID）に関する研究が厚生労働省において進められているので、その動向にも注目したい。

医療経営士●初級テキスト3　133

第5章　広義の医療関連法規

② 病院・診療所等と職員との関係に関する法規

1 病院・診療所等の職員との関係

(1)病院・診療所等と職員との労働契約

　病院・診療所等とそこに勤務する医師・看護師・その他の職員とは、「労働契約」という関係にある。社員・店員・従業員(法律上は「労働者」という)が企業や事業所に雇われるのとまったく同じ関係である。**労働契約法**という法律が、労働契約の基本を定めている。また、**労働基準法**という法律が、賃金や労働時間、休日休暇など労働者の権利と、これに対する使用者の義務を定めている。

　なお、「労働者」とは、職業のいかんを問わず、事業所に使用される者で、賃金を支払われる者をいう(労働契約法第2条・労働基準法第9条)。また、「使用者」とは、労働者に対して賃金を支払う者、すなわち事業主または事業の経営担当者、事業主のために行為をするすべての者をいい(労働契約法第2条・労働基準法第10条)、病院・診療所等では理事長・院長のほか事務長、看護部(師)長、○○課(科)長などがこれに該当するが、実態に基づいて判断される。

(2)労働条件の基本

　賃金や労働時間、休日休暇などを「労働条件」というが、これは労働者と使用者が対等の立場において決定する(労働契約法第3条・労働基準法第2条)。つまり、使用者が一方的に決めたり、労働者の不利益になるように変更したりすることは許されない。

(3)労働契約の基本

　使用者は、労働契約の締結の際に、労働者に対して、賃金、労働時間、その他の労働条件を明示しなければならない(労働基準法第15条)。書面によって明示しなければならない事項は、厚生労働省令が次のように定めており、通常は「雇入通知書」などと題する書面を交付する。

①労働契約の期間
②就業の場所と従事すべき業務

病院・診療所等と職員との関係に関する法規 ❷

③始業・終業の時刻、所定労働時間を超える労働の有無、休憩時間、休日・休暇など
④賃金の決定、計算・支払いの方法など
⑤退職に関する事項

　昇給や賞与など、上記①〜⑤以外の労働条件は、必ずしも書面で提示しなくても構わないが、口頭などで明確に示さなければならない。

2　労働条件

▌(1)賃　金

　賃金は、通貨で、直接労働者に、全額を支払わなければならない。賞与などを除いて、毎月1回以上、一定の期日に定期的に支払わなければならない。ただし、所得税や住民税などの税、健康保険料や厚生年金保険料などの社会保険料、その他労働者と使用者との協定がある場合の諸費用(労働組合費や職員の親睦会費、食費など)は、賃金から控除して徴収することが例外的に認められている(労働基準法第24条)。なお、賃金の最低基準に関しては、最低賃金法という法律の定めるところによる。

　また、使用者の都合により労働者を休業させた場合、休業させた所定労働日について、平均賃金の6割以上の休業手当を支払わなければならない(同第26条)。

▌(2)労働時間の原則と変形労働時間制

　使用者は、労働者に休憩時間を除いて、1日8時間、1週間40時間を超えて労働させてはならない(労働基準法32条)。この「週40時間労働」は労働時間の原則である。

　ところが、これを厳格に適用すると、病院や公共交通機関のように24時間365日体制で稼働する職場では著しい不都合が生じる。そこで、労働基準法は1週間40時間の原則を弾力的に適用できる例外を定めている。

　1か月以内の一定の期間を平均して、1週間40時間以内の範囲内において、特定の日に8時間以上または特定の週に40時間以上の労働を認める制度で、これを「変形労働時間制」という(同第32条の2)。たとえば、4週間の期間内に160時間以内であれば、1日16時間勤務する日があっても、1週間に50時間勤務する週があっても構わない、というものである。ただし、労働者と使用者との間で事前の協定が必要である。また、変形労働時間制を採用する場合には、所轄の労働基準監督署に届け出なければならない。

　このほか、季節により業務の繁閑の差が著しい事業所などでは、これを調整するために1年以内の期間に適用できる変形労働時間制もあるが(同第32条の4)、病院・診療所等ではそこまで長期間にわたって労働時間を調整しなければならない理由は乏しく、1か月以内の変形労働時間制を導入していることが多い。

医療経営士●初級テキスト3　135

第5章 広義の医療関連法規

▎（3）休憩時間

使用者は、労働時間が6時間を超える場合は45分、8時間を超える場合は1時間以上の休憩時間を労働時間の途中に与えなければならない。休憩時間は、労働者に対して一斉に与え、かつ労働者に自由に利用させなければならない（労働基準法第34条）。つまり、休憩時間中の労働者の行動を規制してはならないのである。

ただし、「一斉に」については、労働者と使用者との協定があれば除外される。たとえば、役所・銀行・店舗など、始業から終業までの間に来訪者が途切れることのない職場では職員が交代で休憩する体制を取っており、多くの病院・診療所等も例外ではない。

▎（4）休　日

使用者は、労働者に対して1週間に1回または4週間に4回以上の休日を与えなければならない（労働基準法第35条）。先に述べた変形労働時間制を採用している場合でも、最低4週間に4日以上の休日を与えなければならないことになる。

▎（5）時間外の割増賃金

使用者は、時間外または休日に労働者を労働させた場合、次の割増賃金を支払わなければならない（労働基準法第37条）。

①時間外労働　25％以上（所定の始業・終業時間以外の時間）
②休日労働　　35％以上（所定の休日）
③深夜労働　　25％以上（午後10時〜午前5時）

たとえば、「始業9時00分〜終業17時00分」と定められている場合、17時00分以降に労働した時間分については、通常の125％以上の賃金を支払わなければならない。時間外かつ深夜である場合は25％＋25％＝50％の割増となり、通常の150％以上を支払うことになる。休日かつ深夜である場合も、同様に35％＋25％＝60％以上の割増となる。

また、ここで「休日」とは、労働契約で決められた休日であって、日曜日・国民の祝日・国民の休日（カレンダーで赤文字の日）のことではない。多くの病院・診療所等では、変形労働時間制を採用し、1か月単位の「ローテーション表」などによって、各職員について各日の始業・終業時間や休日が定められている。この場合、時間外労働や休日労働はそのローテーション表に従って、各人ごとに異なる時間や異なる日に発生することになる。

▎（6）年次有給休暇

使用者は、雇い入れから6か月以上継続勤務した労働者に対して、有給休暇を与えなければならない。その付与日数は、最初は10日以上、その後1年を経過するごとに1または2日を加えて支給しなければならない（労働基準法第39条）。なお、有給休暇とは、労

136　医療経営士●初級テキスト3

病院・診療所等と職員との関係に関する法規 ❷

働していないにもかかわらず賃金支払いの対象となる休暇のことをいう。

継続勤務年数ごとの最低限の有給休暇付与日数は**表5‐2**のとおりである。

表5‐2　年次有給休暇の最低付与日数

継続勤続年数	0.5年	1.5年	2.5年	3.5年	4.5年	5.5年	6.5年以上
付与日数	10日	11日	12日	14日	16日	18日	20日

また、年次有給休暇は、正職員、臨時職員、パートタイマーといった雇用形態のいかんにかかわらず付与しなければならない。ただし、所定労働時間が1週間30時間未満の短時間労働者については、週40時間労働に対する比率を考慮して**表5‐3**のとおりとなっている。

表5‐3　短時間労働者の年次有給休暇の最低付与日数

継続勤続年数	0.5年	1.5年	2.5年	3.5年	4.5年	5.5年	6.5年以上
週4日の場合	7日	8日	9日	10日	12日	13日	15日
週3日の場合	5日	6日	6日	8日	9日	10日	11日
週2日の場合	3日	4日	4日	5日	6日	6日	7日
週1日の場合	1日	2日	2日	2日	3日	3日	3日

このほか、使用者は、産前産後(同第65条)、育児時間(同第67条)、生理日(同第68条)などについて女性労働者から請求があった場合には休暇・休業を与えなければならないが、それが有給・無給かは、労働契約や協定の定めるところによる。

3　就業規則

（1）就業規則とは

就業規則とは、その事業所に使用されるすべての労働者に対して、一律に労働契約の内容を定めるものである。そもそも労働契約は、個々の労働者と使用者との1対1の関係であるが、多数の労働者を雇い入れる事業所では、すべての労働者を共通したルールの下で平等に扱うことが望ましい。

そこで、労働基準法は第89条に、常時10人以上の労働者を使用している事業所は就業規則を作成し、労働基準監督署に届け出なければならないと定めている。なお、「10人以

医療経営士●初級テキスト3　137

上」とは、正社員やパートタイマーといった雇用形態を問わない。「常勤換算10.0人」ではないことに注意したい。

（2）就業規則に記載する事項

就業規則に記載する事項には、次のように「必ず記載しなければならない事項（絶対的記載事項）」と「その定めがある場合には必ず記載しなければならない事項（相対的記載事項）」がある。もちろん、それ以外の事項であっても、事業所のすべての労働者に適用される事項を定めてもよい（任意的記載事項）。

①絶対的記載事項
・始業・終業の時刻、休憩時間、休日・休暇、交代制の場合はこれに関する事項
・賃金の決定、計算・支払いの方法、賃金の締切り・支払いの時期、昇給に関する事項
・退職に関する事項

②相対的記載事項
・退職手当に関する事項
・手当・賞与に関する事項
・食費・作業用品等の負担に関する事項
・安全・衛生に関する事項
・職業訓練に関する事項
・災害補償・疾病扶助に関する事項
・表彰・制裁に関する事項
・その他すべての労働者に適用される規定に関する事項

4 解 雇

（1）解雇とは

解雇とは、使用者側の意思によって労働者の雇い入れをやめることをいう。これに対して、労働者の死亡や定年など使用者の意思にかかわらずその事実が生じる場合や、労働者の意思によって雇い入れを終了する場合などを退職という。

ちなみに、解雇は、労働者の生活に大きな影響を及ぼすものであるから、法律は、使用者がみだりに解雇することができないよう制約を設けている。

（2）解雇事由の明示

どのような場合に労働者が解雇されるのかは、「退職に関する事項」として、あらかじめ労働契約の際に書面によって明示しておかなければならない（労働基準法第15条）。また、

就業規則にも記載しておかなければならない（同第89条）。なお労働契約の際の書面や就業規則に記載されていても、「客観的に合理的な理由を欠き、社会通念上相当であると認められない場合」、解雇は無効である（労働契約法第16条）。

一般には、次のようなものが解雇事由として掲げられている。

① 身体や精神の障害により業務に耐えられないとき
② 服務心得等にしばしば違反し改悛の情がないとき
③ 勤務成績が不良で就業に適さないと認められたとき
④ 事業の運営上やむを得ない事情、または天災事変その他これに準ずるやむを得ない事情により事業の継続が困難になったとき

▌（3）解雇予告

解雇事由に該当する場合でも、解雇を行うには少なくとも30日前に予告しなければならない。30日前までに予告しない場合には、30日に足りない日数分以上の平均賃金を支払わなければならない（労働基準法第20条）。

ただし、天災事変その他これに準ずるやむを得ない事情により事業の継続が困難になり、労働基準監督署の認定を受けた場合や、労働者の犯罪や著しい規則違反などの事由によって解雇される場合は、30日前の予告や30日分の賃金支払いは行う必要がなく、即時に解雇することができる。

5 労働者の安全と健康の確保

高熱の物体を扱う職場、高所作業がある職場、人体に有害な物質を取り扱う職場など、労働者に事故や疾病の危険を伴う職場は至るところに存在する。患者の生命・身体を預かり、医療機器や医薬品などを用いる病院・診療所等も例外ではない。そこで**労働安全衛生法**という法律により、職場における労働者の安全と健康を確保するために使用者が行うべき労働災害防止のための最低基準を定めている。

具体的には、建物・設備・物品・作業環境など、労働者の危険・健康障害を防止するための措置（同第20条〜第36条）、一定の機械・危険物・有害物に関する規制（同第37条〜第58条）、労働者の教育研修など、労働者の就業にあたっての措置（同59条〜第63条）、医師による健康診断や医師・保健師による保健指導など、労働者の健康の保持増進のための措置（第64条〜第71条）、快適な職場環境の形成のための措置（同第71条の2〜第71条の4）である。

健康の保持増進のための措置として、使用者は労働者の健康診断を行わなければならない（同第66条）。厚生労働省令の定めによると、すべての労働者は、雇入れ時および1年に1回以上行わなければならない。さらに、放射線業務や深夜業務などに携わる「特定業

第5章　広義の医療関連法規

務従事者」は6か月に1回以上行わなければならないことになっている。病院・診療所等では、日勤のみの事務職員や看護要員などは年1回、放射線を扱う医師・放射線技師や夜間勤務のある看護要員や事務職員などは年2回の健康診断が義務づけられる。

　また、2015（平成27）年から、常時50人以上の労働者を使用している事業所では医師・保健師によるストレスチェックの実施も義務づけられるようになった（50人未満の事業所は努力義務である）。

病院・診療所等と職員との関係に関する法規 ❷／病院・診療所等と社会との 関係に関する法規 ❸

③ 病院・診療所等と社会との関係に関する法規

1 病院・診療所等の建築物に関する一般法規

▌（1）病院・診療所等の建築物

　すべての建築物は、その敷地・構造・設備・用途などが法律で定められており、病院・診療所等も例外ではない。建築物は、それを利用する人のみならず、近隣住民や通行人など社会一般に大きな影響を与えることがあるため、その最低限のルールが**建築基準法**という法律に定められている。また、病院は、不特定多数の病人や負傷者を入院させて治療を行う施設であることから、学校・劇場・百貨店・旅館などと並んで「特殊建築物」とされている（建築基準法第2条）。

　建築物を建築し、または大規模な改修をしようとする際には、特別な場合を除いて、その工事に着工する前に、それが建築基準法および関連法令に適合するものかどうかの確認を申請し、確認を受けなければならない（同第6条）。建築基準法および関連法令の規定にはさまざまあるが、その主なものとしては、道路と敷地との関係、建蔽率（敷地に対する建築物の建築面積）、容積率（同建築物の延床面積）、高さ、構造、設備などである。

　確認を行う者は都道府県および一定の要件を満たした市町村である（同第4条）。病院・診療所等では、これを新たに建築するほか、たびたび改正される医療法などの基準に合わせるために増築や改築が必要になることが多い。その際、こうした確認の申請と確認の取得が必要になる。通常は、その建築物の設計者が、建築主を代行して手続きを行う。

▌（2）病院・診療所等の防火対策

　建築物は、火災を予防し、また、万一の火災の際にその被害を最小限にとどめるための方策を講じなければならない。それを規定するのが**消防法**という法律である。

　特に、病院は、不特定多数の病人や負傷者を入院させて治療を行う施設であることから、厳格な基準が求められている。防火管理者を定め、消防計画を策定し、定期的な消防訓練や消防設備の点検・管理などを行わなければならない（消防法第8条）。消防署長等は、必要がある場合には建築物に対する立入り検査や指導を行うことができる（同第3条）。

医療経営士●初級テキスト3　141

第5章　広義の医療関連法規

2　病院・診療所等が行う犯罪行為

(1)医療過誤と犯罪

　病院・診療所側に責任がある医療事故を「医療過誤」という。医療過誤は、まず第一に病院・診療所と患者との関係として損害賠償責任が生じる可能性があることは、すでに述べたとおりである。ところが、被害者への賠償とは別に、これを反社会的な行為である「犯罪」として刑罰を科す手続きが取られる場合がある。

　故意に患者を殺害した場合に適用される「殺人罪」(刑法第199条)、業務上必要な注意を怠って患者を死傷させた場合に適用される「業務上過失致死傷罪」(同第211条)などが、主なものである。これらの犯罪の責任は、医師・看護師など直接患者に医療行為をした者について問われるのが原則であるが、病院・診療所としての管理監督が著しく不十分な場合には院長等の管理者が共犯者と認定されることもある。

　なお、犯罪の認定に際しては、「故意」(殺人の意思)や「過失」(業務上必要な注意を怠ったこと)などの証明は非常に厳格に行われる。また、仮に犯罪に該当しても、あまり悪質でない場合や加害者に反省が見られるときなど、刑罰が科されないこともある。

(2)診療報酬の不正請求と犯罪

　医療過誤以外で、病院・診療所等が行う犯罪行為として、しばしば見られるものに「診療報酬の不正請求」がある。診療報酬は、健康保険法その他の医療保険関連法規に定める基準に従って請求しなければならないが、故意に架空の請求をしたり、診療報酬算定の前提となる施設基準等を偽って請求したりするものが不正請求である。

　たとえば、行っていない医療行為や投薬を虚偽に記入し、これを請求する「架空請求」といわれるものがある。また、施設設備の面積や医師・看護師等の職員の配置数を偽って、より高い基準の診療報酬を請求する「水増し請求」と呼ばれるケースもある。いずれも、「人を欺いて財物を交付させた」行為に当たり、10年以下の懲役という刑罰が用意されている(刑法第246条)。

　なお、こうした不正が行われた場合、刑法の詐欺罪とは別に、健康保険法の規定により保険医療機関や保険医の指定が取り消されることもあるので、厳に慎みたい。

確認問題

問題1 病院・診療所と職員との雇用関係について、次の選択肢のうち誤っているものを1つ選べ。

[選択肢]

①職員の賃金は、毎月1回以上支払わなければならず、数か月分をまとめて支払うことはできない。

②職員の労働時間は、1週間40時間を超えて定めることができる。

③職員が、日曜日や国民の祝日などに出勤する場合、35％以上の割増賃金を支給しなければならない。

④職員に賞与を支給する場合は、その旨を就業規則に記載しなければならない。

⑤職員の解雇は、正当な解雇理由がある場合は即時に実行することができる。

確認問題

解答　解説

解答
1　③

解説
1

①○：選択肢のとおり。賃金は毎月1回以上、一定の期日に定期的に支払わなければならない。

②○：選択肢のとおり。労働時間は1週間40時間以内が原則であるが、1か月以内などの範囲で平均して1週間40時間以内であれば、40時間を超過する週があっても構わないという変形労働時間制がある。

③×：休日労働の「休日」とは、日曜日・国民の祝日・国民の休日のことではなく、労働契約や就業規則で「休日」と定められている日をいう。

④○：選択肢のとおり。賞与を支給しない場合は記載の必要がないが、支給する場合には必ず記載しなければならない。

⑤○：選択肢のとおり。労働者の解雇は30日以上前に予告するのが原則であるが、30日に足りない日数分以上の平均賃金を支払った場合は30日が経過する前に解雇することができる。

参考文献

医療六法編集委員会編集『医療六法』(中央法規出版)

江頭憲治郎、他編集代表『六法全書』(有斐閣)

安藤秀雄・望月稔之・並木洋『医事関連法の完全知識』(医学通信社)

医学通信社編集部編『診療報酬早見表』(医学通信社)

医学通信社編集部編『介護報酬早見表』(医学通信社)

索 引

[い]

医師・・・・・・・・・・・・・・・・・・・・・・・62
医師の応招義務・・・・・・・・・・・・・・・・・63
医師法・・・・・・・・・・・・・・・・5, 58, 62
医師免許・・・・・・・・・・・・・・・・・・・62
医薬品医療機器等法・・・・・・・・・・・・・・24
医療介護総合確保推進法・・・・・・・・・・・18
医療過誤・・・・・・・・・・・・・・・129, 142
医療計画・・・・・・・・・・・・・・・・・・・38
医療事故調査・支援センター・・・・・・・・・31
医療情報の提供・・・・・・・・・・・・・・・・26
医療提供の理念・・・・・・・・・・・・・・・・20
医療の安全の確保・・・・・・・・・・・・・・・30
医療の広告・・・・・・・・・・・・・・・・・・27
医療扶助・・・・・・・・・・・・・・・・・・109
医療法・・・・・・・・・・・・5, 14, 16, 20
医療法改正・・・・・・・・・・・16, 17, 18, 19
医療法人・・・・・・・・・・・・・・・42, 43
医療法人の解散・・・・・・・・・・・・・・・・46
医療法人の合併・・・・・・・・・・・・・・・・47
医療法人の分割・・・・・・・・・・・・・・・・47
医療保険制度・・・・・・・・・・80, 83, 86
威力業務妨害罪・・・・・・・・・・・・・・・131
院内掲示義務・・・・・・・・・・・・・・・・・34

[え]

栄養士・・・・・・・・・・・・・・・・・・・72
栄養士法・・・・・・・・・・・・・・6, 58, 72

[か]

解雇・・・・・・・・・・・・・・・・・・・・138
介護福祉士・・・・・・・・・・・・・・・・・・73
介護報酬・・・・・・・・・・・・・・・・・113
介護報酬の算定方法・・・・・・・・・・・7, 113
介護保険施設・・・・・・・・・・112, 114, 119
介護保険制度・・・・・・・・・・・・・・・112
介護保険法・・・・・・・・・・・・・・7, 112
看護師・・・・・・・・・・・・・・・・・・・67
患者申出療養・・・・・・・・・・・・・・86, 94
管理栄養士・・・・・・・・・・・・・・・・・・72

[き]

基準病床数・・・・・・・・・・・・・・・・・・40
規則・・・・・・・・・・・・・・・・・・・・・3
器物損壊罪・・・・・・・・・・・・・・・・・131
救急救命士法・・・・・・・・・・・・・・・・・6
強制猥褻罪・・・・・・・・・・・・・・・・・131
脅迫罪・・・・・・・・・・・・・・・・・・・131
居宅サービス・・・・・・・・・・・・114, 115
居宅サービス事業所・・・・・・・・・・・・・118

[け]

刑法・・・・・・・・・・・・・・・・・9, 130
健康保険組合・・・・・・・・・・・・・・88, 90
健康保険法・・・・・・・・・・・・・6, 88, 90
言語聴覚士・・・・・・・・・・・・・・・・・・73
言語聴覚士法・・・・・・・・・・・・6, 58, 73
建築基準法・・・・・・・・・・・・・・9, 141

憲法・・・・・・・・・・・・・・・・・・・・・・・・・・2

[こ]

高額介護合算療養費・・・・・・・・・・・・・・・95

高額療養費・・・・・・・・・・・・・・・・・・・・・95

高額療養費制度・・・・・・・・・・・・・・・・・・83

公認心理師・・・・・・・・・・・・・・・・・・・・・74

公認心理師法・・・・・・・・・・・・・・・・58, 74

高齢者医療確保法・・・・・・・・・・・・・・・・102

高齢者の医療の確保に関する法律・・6, 102

告示・・・・・・・・・・・・・・・・・・・・・・・・・・2

国民健康保険法・・・・・・・・・・・・・・・・・・98

国民健康保険組合・・・・・・・・・・・・・・・・99

5事業・・・・・・・・・・・・・・・・・・・・・・・39

5疾病・・・・・・・・・・・・・・・・・・・・・・・39

個人情報保護法・・・・・・・・・・・・・・・・・131

国家公務員共済組合法・・・・・・・・・・6, 102

混合診療・・・・・・・・・・・・・・・・・・・・・・85

[さ]

作業療法士・・・・・・・・・・・・・・・・・・・・・72

[し]

歯科医師法・・・・・・・・・・・・・・・・・・・・・5

歯科衛生士法・・・・・・・・・・・・・・・・・・・6

歯科技工士法・・・・・・・・・・・・・・・・・・・6

時効・・・・・・・・・・・・・・・・・・・・・・・・130

施設サービス・・・・・・・・・・・・・・114, 117

自動車損害賠償保障法・・・・・・・・・・7, 110

自賠責保険・・・・・・・・・・・・・・・・・7, 110

社会医療法人・・・・・・・・・・・・・・・・・・・44

社会福祉士・・・・・・・・・・・・・・・・・・・・・72

社会福祉士及び介護福祉士法・・・6, 58, 72

就業規則・・・・・・・・・・・・・・・・・・・・・137

自由診療・・・・・・・・・・・・・・・・・・・・・・84

准看護師・・・・・・・・・・・・・・・・・・・・・・67

傷害罪・・・・・・・・・・・・・・・・・・・・・・131

消防法・・・・・・・・・・・・・・・・・・・9, 141

省令・・・・・・・・・・・・・・・・・・・・・・・・・2

条例・・・・・・・・・・・・・・・・・・・・・・・・・3

助産師・・・・・・・・・・・・・・・・・・・・・・・67

助産所・・・・・・・・・・・・・・・・・・・・・・・22

診療録・・・・・・・・・・・・・・・・・・・・・・・63

診療所・・・・・・・・・・・・・・・・・・21, 141

診療放射線技師・・・・・・・・・・・・・・・・・71

診療放射線技師法・・・・・・・・・・5, 58, 71

診療報酬・・・・・・・・・・・・・・・・・・・・・107

診療報酬点数表・・・・・・・・・・・・・・6, 107

診療報酬の算定方法・・・・・・・・・・6, 107

診療報酬の不正請求・・・・・・・・・・・・・142

[す]

ストレスチェック・・・・・・・・・・・・・・・140

[せ]

生活保護制度・・・・・・・・・・・・・・・・・・109

生活保護法・・・・・・・・・・・・・・・・・6, 109

精神保健福祉士・・・・・・・・・・・・・・・・・73

精神保健福祉士法・・・・・・・・・・6, 58, 73

政令・・・・・・・・・・・・・・・・・・・・・・・・・2

船員保険法・・・・・・・・・・・・・・・・・6, 102

全国健康保険協会・・・・・・・・・・・・88, 90

先進医療・・・・・・・・・・・・・・・・・・・・・94

選定療養・・・・・・・・・・・・・・・・・・86, 94

[そ]

損害賠償······················129

[ち]

地域医療構想（ビジョン）···········40

地域医療構想調整会議············40

地域医療支援病院··········· 22, 35

地域医療連携推進法人············48

地域密着型サービス···········117

地方公務員等共済組合法··········102

[つ]

通知···························3

[て]

出来高払い方式··············107

[と]

特定看護師制度··············69

特定機能病院··········· 22, 35

[に]

入院時食事療養費········· 87, 92, 93

[ね]

年次有給休暇··············136

[ひ]

被扶養者··········· 80, 90, 95

被保険者········ 80, 88, 90, 91, 100

病院··················· 21, 141

病院・診療所等の開設··········32

病院・診療所等の管理··········33

病院・診療所の管理者··········33

病院の人員・施設基準··········34

評価療養··············· 86, 93

病床機能報告制度············40

病床の総量規制············83

[ふ]

不退去罪················131

[へ]

変形労働時間制············135

[ほ]

包括払い方式··············107

暴行罪··················131

法律····················2

法律不遡及の原則············41

保険医··················96

保険医療機関··············96

保険医療機関及び保険医療養担当規則
················· 6, 105

保険外併用療養費··········· 85, 93

保険給付·········· 88, 92, 95, 96, 101

保健師··················67

保健師助産師看護師法········· 5, 58, 67

保険者··········· 80, 88, 90, 99

保険診療··················84

保険薬剤師··············96

保険薬局··············· 24, 96

[ま]

マイナンバー・・・・・・・・・・・・・・・・・・・・133

[み]

民事訴訟法・・・・・・・・・・・・・・・・・ 9, 130
民法・・・・・・・・・・・・・・・・・・・・・ 9, 128

[む]

無診察治療の禁止・・・・・・・・・・・・・・・・63

[や]

薬剤師・・・・・・・・・・・・・・・・・・・・・・・・65
薬剤師法・・・・・・・・・・・・・・・・・・ 5, 58, 65

[よ]

要介護認定・・・・・・・・・・・・・・・・・・・・113
要支援・・・・・・・・・・・・・・・・・・・・・・113
要介護・・・・・・・・・・・・・・・・・・・・・・113

[り]

理学療法士・・・・・・・・・・・・・・・・・・・・72
理学療法士及び作業療法士法・・・・ 6, 58, 72
療養担当規則・・・・・・・・・・・・・・・・ 6, 105
療養の給付・・・・・・・・・・・・・・・・ 93, 105
療養費・・・・・・・・・・・・・・・・・・・・・・94
臨床研究中核病院・・・・・・・・・・・・・・ 23, 35
臨床検査技師・・・・・・・・・・・・・・・・・・71
臨床検査技師等に関する法律・・・・ 5, 58, 71
臨床研修・・・・・・・・・・・・・・・・・・・・・62

[ろ]

労災保険・・・・・・・・・・・・・・・・・・・・110
労災保険の療養補償給付・・・・・・・・・・・110
労働安全衛生法・・・・・・・・・・・・・・ 9, 139
労働基準法・・・・・・・・・・・・・・・・・ 9, 134
労働契約法・・・・・・・・・・・・・・・・・ 9, 134
労働時間・・・・・・・・・・・・・・・・・・・・135
労働者災害補償保険法・・・・・・・・・・・ 7, 110
労働条件・・・・・・・・・・・・・・・・ 134, 135

医療経営士●初級テキスト 3　149

著者紹介

平井 謙二 （ひらい・けんじ）

医療経営コンサルタント

1956年東京都生まれ。1974年、アメリカ合衆国サンフランシスコ市立G.ワシントン高等学校卒業。1980年、早稲田大学法学部卒業。1985年、早稲田大学大学院法学研究科博士課程修了。商業・サービス業のマーケティング・コンサルタントを経て2000年より医療経営コンサルティング会社に勤務。2011年に独立して現在に至る。

『医療経営士テキストシリーズ』 総監修

川渕 孝一 （かわぶち・こういち）

1959年生まれ。1983年、一橋大学商学部卒業後、民間病院・企業を経て、1987年、シカゴ大学経営大学院でMBA取得。国立医療・病院管理研究所、国立社会保障・人口問題研究所勤務、日本福祉大学経済学部教授、日医総研主席研究員、経済産業研究所ファカルティ・フェロー、スタンフォード大学客員研究員などを経て、現在、東京医科歯科大学大学院教授。主な研究テーマは医業経営、医療経済、医療政策など。『2040年の薬局』（薬事日報社）、『第六次医療法改正のポイントと対応戦略60』『病院の品格』（いずれも日本医療企画）、『医療再生は可能か』（筑摩書房）、『医療改革〜痛みを感じない制度設計を〜』（東洋経済新報社）など著書多数。

MEMO

『医療経営士テキストシリーズ』

「医療経営士」が今、なぜ必要か？

マネジメントとは経営学で「個人が単独では成し得ない結果を達成するために他人の活動を調整する行動」と定義される。医療機関にマネジメントがないということは、「コンサートマスターのいないオーケストラ」、「参謀のいない軍隊」のようなものである。

わが国の医療機関は、収入の大半を保険診療で得ているため、経営層はどうしても「診療報酬をいかに算定するか」「制度改革の行方はどうなるのか」という面に関心が向いてしまう。これは"制度ビジネス"なので致し方ないが、現在、わが国の医療機関に求められているのは「医療の質の向上と効率化の同時達成」だ。この二律相反するテーマを解決するには、医療と経営の質の両面を理解した上で病院全体をマネジメントしていくことが求められる。

医療経営の分野においては近年、医療マーケティングやバランスト・スコアカード、リエンジニアリング、ペイ・フォー・パフォーマンスといった経営手法が脚光を浴びてきた。しかし、実際の現場に根づいているかといえば、必ずしもそうとは言えない。その大きな原因は、医療経営に携わる職員がマネジメントの基礎となる真の知識を持ち合わせていないことだ。

医療マネジメントは、実践科学である。しかし、その理論や手法に関する学問体系の整備は遅れていたため、医療関係者が実践に則した形で学ぶことができる環境がほとんどなかったのも事実である。

そこで、こうした医療マネジメントを実践的かつ体系的に学べるテキストブックとして期待されるのが、本『医療経営士テキストシリーズ』である。目指すは、医療経営に必要な知識を持ち、医療全体をマネジメントしていける「人財」

の養成だ。

なお、本シリーズの特徴は、初級・中級・上級の３級編になっていること。初級編では、初学者に不可欠な医療制度や行政の仕組みから倫理まで一定の基礎を学ぶことができる。また、中級編では、医療マーケティングや経営戦略、組織改革、財務・会計、物品管理、医療IT、チーム力、リーダーシップなど、「ヒト・モノ・カネ・情報」の側面からマネジメントに必要な知識が整理できる。そして上級編では、各種マネジメントツールの活用から保険外事業まで医療機関のトップや経営参謀を務めるスタッフに必須となる事案を網羅している。段階を踏みながら、必要な知識を体系的に学べるように構成されている点がポイントだ。

テキストの編著は医療経営の第一線で活躍している精鋭の研究者や実務家である。そのため、内容はすべて実践に資するものになっている。医療マネジメントを体系的にマスターしていくために、初級編から入り、ステップアップしていただきたい。

医療マネジメントは知見が蓄積されていくにつれ、日々進歩していく科学であるため、テキストブックを利用した独学だけではすべてをフォローできない面もあるだろう。そのためテキストブックは改訂やラインアップを増やすなど、日々進化させていく予定だ。また、執筆者と履修者が集まって、双方向のコミュニケーションを行える検討会や研究会といった「場」を設置していくことも視野に入れている。

本シリーズが医療機関に勤務する事務職はもとより、医師や看護職、そして医療関連サービスの従事者に使っていただき、そこで得た知見を現場で実践していただければ幸いである。そうすることで一人でも多くの病院経営を担う「人財」が育ち、その結果、医療機関の経営の質、日本の医療全体の質が高まることを切に願っている。

『医療経営士テキストシリーズ』総監修
川渕　孝一

■初級テキストシリーズ（全8巻）

巻	タイトル	編著者代表
1	医療経営史― 医療の起源から巨大病院の出現まで［第３版］	酒井シヅ（順天堂大学名誉教授・特任教授／元日本医史学会理事長）
2	日本の医療政策と地域医療システム―医療制度の基礎知識と最新動向［第４版］	尾形裕也（九州大学名誉教授）
3	日本の医療関連法規―その歴史と基礎知識［第４版］	平井謙二（医療経営コンサルタント）
4	病院の仕組み／各種団体、学会の成り立ち―内部構造と外部環境の基礎知識［第３版］	木村憲洋（高崎健康福祉大学健康福祉学部医療情報学科准教授）
5	診療科目の歴史と医療技術の進歩―医療の細分化による専門医の誕生、総合医・一般医の役割［第３版］	上林茂暢（龍谷大学社会学部地域福祉学科名誉教授）
6	日本の医療関連サービス―病院を取り巻く医療産業の状況［第３版］	井上貴裕（千葉大学医学部附属病院副病院長・病院経営管理学研究センター長）
7	患者と医療サービス―患者視点の医療とは［第３版］	深津博（愛知医科大学病院医療情報部特任教授／日本医療コンシェルジュ研究所理事長）
8	医療倫理／臨床倫理―医療人としての基礎知識	箕岡真子（東京大学大学院医学系研究科医療倫理学分野客員研究員／箕岡医院院長）

■中級テキストシリーズ（全19巻）

【一般講座】（全10巻）

巻	タイトル	編著者代表
1	医療経営概論—病院の経営に必要な基本要素とは	吉長成恭（広島国際大学大学院医療経営学専攻教授）
2	経営理念・ビジョン／経営戦略—経営戦略実行のための基本知識	鐘江康一郎（聖路加国際病院経営企画室）
3	医療マーケティングと地域医療—患者を顧客としてとらえられるか	真野俊樹（多摩大学統合リスクマネジメント研究所教授）
4	医療ITシステム—診療情報の戦略的活用と地域包括ケアの推進	瀬戸僚馬（東京医療保健大学保健学部医療情報学科准教授）
5	組織管理／組織改革—改革こそが経営だ！	冨田健司（同志社大学商学部商学科教授）
6	人的資材管理—ヒトは経営の根幹	米本倉基（岡崎女子短期大学教授）
7	事務管理／物品管理—コスト意識を持っているか？	山本康弘（国際医療福祉大学医療福祉・マネジメント学科教授）
8	財務会計／資金調達（1）財務会計	橋口徹（日本福祉大学福祉経営学部教授）
9	財務会計／資金調達（2）資金調達	福永肇（藤田保健衛生大学医療科学部医療経営情報学科教授）
10	医療法務／医療の安全管理—訴訟になる前に知っておくべきこと	須田清（弁護士／大東文化大学法科大学院教授）

【専門講座】（全9巻）

巻	タイトル	編著者代表
1	診療報酬制度と医業収益—病院機能別に考察する戦略的経営［第4版］	井上貴裕（千葉大学医学部附属病院副病院長・病院経営管理学研究センター長）
2	広報・広告／ブランディング—集患力をアップさせるために	石田章一（日本HIS研究センター代表理事／ビジョンヘルスケアズ代表）
3	部門別管理—目標管理制度の導入と実践	西村周三（京都大学理事・副学長）、森ална直行（京セラマネジメントコンサルティング代表取締役会長兼社長／前京セラ代表取締役副会長）
4	医療・介護の連携—地域包括ケアと病院経営［第4版］	橋爪章（元保健医療経営大学学長）
5	経営手法の進化と多様化—課題・問題解決力を身につけよう	鐘江康一郎（聖路加国際病院経営企画室）
6	創造するリーダーシップとチーム医療—医療イノベーションの創発	松下博宣（東京農工大学大学院技術経営研究科教授）
7	業務改革—病院活性化のための効果的手法	白濱伸也（日本能率協会コンサルティング品質経営事業部シニア・コンサルタント）
8	チーム医療と現場力—強い組織と人材をつくる病院風土改革	白髪昌世（広島国際大学医療経営学部医療経営学科教授）
9	医療サービスの多様化と実践—患者は何を求めているのか	島田直樹（ビー・アンド・イー・ディレクションズ代表取締役）

■上級テキストシリーズ（全13巻）

巻	タイトル	編著者代表
1	病院経営戦略論—経営手法の多様化と戦略実行にあたって	尾形裕也（九州大学大学院医学研究院医療経営・管理学講座教授）
2	バランスト・スコアカード—その理論と実践	荒井耕（一橋大学大学院商学研究科管理会計分野准教授）、正木義博（社会福祉法人恩賜財団済生会横浜市東部病院院長補佐）
3	クリニカルパス／地域医療連携—医療資源の有効活用による医療の質向上と効率化	濃沼信夫（東北大学大学院医学系研究科教授）
4	医工連携—最新動向と将来展望	田中紘一（公益財団法人神戸国際医療交流財団理事長）
5	医療ガバナンス—医療機関のガバナンス構築を目指して	内田亨（西武文理大学サービス経営学部健康福祉マネジメント学科准教授）
6	医療品質経営—患者中心医療の意義と方法論	飯塚悦功（東京大学大学院工学系研究科医療社会システム工学寄付講座特任教授）、水流聡子（東京大学大学院工学系研究科医療社会システム工学寄付講座特任教授）
7	医療情報セキュリティマネジメントシステム（ISMS）	紀ノ定保臣（岐阜大学大学院医学系研究科医療情報学分野教授）
8	医療事故とクライシスマネジメント—基本概念の理解から危機的状況の打開まで	安川文朗（熊本大学法学部公共社会政策論講座教授）
9	DPCによる戦略的病院経営—急性期病院経営に求められるDPC活用術	松田晋哉（産業医科大学医学部教授（領域公衆衛生学））
10	経営形態—その種類と選択術	羽生正宗（山口大学大学院経済学研究科教授／税理士）
11	医療コミュニケーション—医療従事者と患者の信頼関係構築	荒木正見（九州大学哲学会会長、地域健康文化学研究所所長）、荒木登茂子（九州大学大学院医学研究院医療経営・管理学講座医療コミュニケーション学分野教授）
12	保険外診療／附帯業務—自由診療と医療関連ビジネス	浅野信久（大和証券キャピタル・マーケッツ コーポレートファイナンス第一部担当部長／東京大学大学院客員研究員）
13	介護経営—介護事業成功への道しるべ	小笠原浩一（東北福祉大学大学院総合福祉学研究科教授／ラウレア応用科学大学国際諮問委員・研究フェロー）

※肩書きはテキスト執筆時のものです

医療経営士●初級テキスト3［第4版］

日本の医療関連法規——その歴史と基礎知識

2018年7月24日　第4版第1刷発行

著　　　者　平井　謙二
発 行 人　林　　諄
発 行 所　株式会社 日本医療企画
　　　　　　〒101-0033　東京都千代田区神田岩本町4 -14　神田平成ビル
　　　　　　TEL 03-3256-2861（代）　http://www.jmp.co.jp
　　　　　　「医療経営士」専用ページ　http://www.jmp.co.jp/mm/
印 刷 所　図書印刷 株式会社

©KENJI HIRAI 2018,Printed in Japan
ISBN978-4-86439-679-0 C3034　　　定価は表紙に表示しています
本書の全部または一部の複写・複製・転訳載等の一切を禁じます。これらの許諾については小社までご照会ください。